Colección: Ideas en debate
Serie: Historia Antigua-Moderna

Director de serie:
José Emilio Burucúa

Ilustración de portada: *Diario Manuscrito del Capitán Antonio Antonini, Comisionado ante la Corte de Madrid, 1807-1817, Luján (provincia de Buenos Aires)*, Biblioteca del Complejo Museográfico Provincial "Enrique Udaondo", s/p.

Edición: Primera. Agosto de 2025

ISBN: 979-13-87546-24-3
e-ISBN: 979-13-87546-25-0
Depósito Legal: M-17135-2025

Código IBIC: HBLA (Historia antigua: Egipto)
HBLW (Historia cultural y social)
Código Thema: NHM (Historia antigua: Egipto)
NHTB (Historia de las ideas y la cultura)
Código BISAC: HIS002000 (Historia / Antigua / Egipto)
SOC022000 (Ciencias sociales / Estudios culturales)
Código WGS: 4312 (Historia antigua: Egipto)
4315 (Historia cultural)

Lugar de edición: Buenos Aires, Argentina

Diseño gráfico general: Gerardo Miño

Agradecemos a Matteo Goretti, presidente de la Fundación CEPPA, por la ayuda financiera brindada para la publicación de esta edición.

dirección postal: Tacuarí 540 (C1071AAL)
Ciudad de Buenos Aires, Argentina
correo: minoydavila@gmail.com
web: www.minoydavila.com.ar
redes sociales: @MyDeditores, www.facebook.com/MinoyDavila

José E. Burucúa y Nicolás Kwiatkowski

EL TEMPLO DEL MUNDO

EGIPTOFILIA Y EGIPTOLOGÍA
ENTRE EL RENACIMIENTO Y LA ILUSTRACIÓN

Con un apéndice sobre
"Egipto en el diario de Santiago Antonini",
por el Dr. Diego M. Santos

MIÑO y DÁVILA
◆ E D I T O R E S ◆

➤❊ ÍNDICE ❊⬅

➤❧ Índice de imágenes ❧◆

Agradecimientos

Queremos agradecer a Sergio Baur, Fernando Bouza Álvarez, Roberto Casazza, Mariana Castagnino, Silvina Echave, Elisabeth Garcia Marrasé, Matteo Goretti, Ezequiel Grimson, Alejandra Hunter, Victoria Lopresto, Mariana Marchesi, Luis Príamo, Diego Santos, Christiana Schettini y Ana Schwartzman. También al personal de la Reserva de la Biblioteca Nacional "Mariano Moreno", al equipo de organización de exposiciones del Museo Nacional de Bellas Artes, a la Academia Argentina de Letras, la Academia Nacional de Bellas Artes, el Museo Etnográfico, el Museo De la Cárcova y el Complejo Museográfico Provincial "Enrique Udaondo" en Luján. La generosidad de todas esas personas e instituciones fue fundamental para la producción de este libro. Toca a nosotros la responsabilidad por sus defectos

➤❧ Introducción ❦⟵

"Todas las cosas temen al Tiempo, pero el Tiempo teme a las pirámides".[1] El polígrafo árabe Abu al-Fadl 'abd al-Rahman ibn Abi Bakr, conocido como Jalāl al-Dīn al-Suyūṭī, registró ese dicho atribuido a al-Qāḍī al-Fāḍil en su *Tratado sobre las pirámides*, escrito en la segunda mitad del siglo XV de la era común. Quienquiera se aproxime con curiosidad al gigantesco *corpus* de textos, imágenes, fantasías, teorías, pesquisas, ambiciones, apropiaciones y vínculos entre el mundo occidental y el antiguo Egipto se verá tentado a agregar que no sólo aquellos monumentos desafiaron el paso del tiempo, sino que aún si ellos mismos desaparecieran como consecuencia de alguna catástrofe, su fama sobreviviría de todas maneras. En efecto, desde el Antiguo Testamento hasta nuestros días, al pasar por Heródoto, Plinio el Viejo, Isidoro de Sevilla y las noticias que recorreremos en este texto, entre el Renacimiento y Champollion, es difícil encontrar una época que no haya dejado rastro de su interés por la antigua tierra del Nilo.

Es claro que tal experiencia de fascinación no estuvo hecha solamente de curiosidad intelectual. La existencia de monumentos tan descomunales como las pirámides, la complejidad cultural evidente en las figuraciones de dioses y reyes que allí se celebraron, el enigma de la escritura que había sobrevivido al paso del tiempo indicaban que la civilización que les había dado origen no poseía sólo una enorme potencia cultural, sino también una inmensa capacidad de producir excedentes. Es probable

---

1. Jalāl al-Dīn al-Suyūṭī, "The Treatise on the Egyptian Pyramids (Tuḥfat al-kirām fī khabar al-ahrām)", ed. por Leon Nemoy, *Isis*, Vol. 30, No. 1 (Feb., 1939), pp. 17-37.

que un esfuerzo comparable se haya desplegado, durante siglos, en comprender los jeroglíficos y en hallar la fuente del Nilo. Descifrar esos secretos o apropiarse de ellos y de sus frutos también movilizó los deseos y ambiciones de los poderes del mundo, desde Ptolomeo I Soter hasta los británicos, sin olvidar por cierto a los emperadores romanos ni a Napoleón. La investigación de los secretos de una cultura compleja fue de la mano, entonces, del intento de imponer la dominación política y económica. En una gran cantidad de ocasiones, quizá la mayoría, fue acompañada tanto por la compra, cuanto por el saqueo y el traslado de los tesoros de Egipto: nunca es ocioso recordar cómo es que llegaron a Roma, París, Londres, Berlín o Nueva York los tesoros que hoy reconocemos en los museos o, inclusive, en las calles de aquellas capitales.

Todo eso significa que es posible encontrar en la inmensidad de los materiales producidos sobre Egipto en Occidente rastros de las expresiones más enaltecidas y elaboradas, pero también de las más despreciables y disparatadas, de cada época y cada cultura. Mientras preparábamos esta investigación, se publicó la noticia de que un *youtuber* estadounidense había conseguido acceso irrestricto a las pirámides durante cuatro días, acompañado por egiptólogos como Zahi Hawass y el director del sitio, Ashraf Mohie El-Din. El resultado de la visita en cuestión, un video de 20 minutos disponible *online*,[2] es una combinación de exclamaciones a los gritos, dislates y ridiculeces. El contraste con el aprendizaje, la sorpresa, la fascinación, la curiosidad y la ambición sobre el Egipto antiguo que se desplegaron durante dos milenios y medio, deja mal parado a nuestro tiempo, pese a los esfuerzos de personas que siguen indagando ese mundo con curiosidad respetuosa. Esperamos que el lector encuentre en estas páginas la satisfacción y el aprendizaje que nosotros experimentamos al acercarnos a aquel horizonte, pues no nos resignamos a concluir que nuestro tiempo es uno de barbarie como pocas veces se ha visto antes.

La presencia de piezas egipcias en colecciones argentinas y la aproximación a ellas desde perspectivas históricas, fantasiosas e inclusive jocosas en nuestro país pueden entenderse en el marco del gran peso que la realidad de Egipto y la imaginación sobre ese país han tenido en las culturas occidentales. En efecto, diversos objetos y noticias del Egipto antiguo llegaron ya a la vida y al espíritu romanos como legado

---

2.   https://youtu.be/NDsO1LT_0lw, consultado el 20 de mayo de 2025.

helenístico. La irrupción de Egipto en el horizonte del imperio tardío se manifestó con una fuerza tal que alcanzó en algunos casos a colocarse en el centro de la experiencia literaria y artística. Un ejemplo iluminador al respecto se encuentra en el final de las *Metamorfosis o el asno de oro*, novela escrita por Apuleyo en el siglo II d. C. Lucio, su personaje principal, convertido en asno debido a un mal manejo de ciertos procedimientos mágicos, tras una serie de episodios grotescos, implora a la más alta divinidad le restituya su primitiva naturaleza humana. Se le aparece entonces el numen por excelencia, la diosa que reúne en su identidad los nombres de Cibeles, Minerva, Ática, la Venus chipriota, Diana cazadora, la Proserpina infernal, la antigua Ceres, Juno y Belona, para coronar su manifestación en la persona que lleva el "nombre verdadero" de la egipcia Isis: "Heme aquí –dice la diosa– conmovida de piedad por tus desgracias; heme aquí, favorable y propicia. Desde ahora, deja de llorar, pon fin a tus lamentos, expulsa tu tristeza. Mi providencia hace brillar para ti el día de la salvación. Voy a impartir mis órdenes, que tu angustia permanezca atenta".[3]

Transmitido y enriquecido por el triunfo del cristianismo, ese cúmulo de saberes sobre Egipto condujo a la producción de relatos diversos sobre aquella civilización ya desde la época altomedieval. Más tarde, la presencia de viajeros europeos (comerciantes y peregrinos), pero también de testigos musulmanes, proveyó noticias de caracteres destacables del pasado egipcio. Durante el Renacimiento, y sobre todo tras la caída de Constantinopla, llegaron a las ciudades europeas manuscritos de origen antiguo que permitieron el acceso a nuevas informaciones e ideas, y alimentaron la ambición de comprender los jeroglíficos. Todo ello fue acompañado por un pensamiento frondoso, de raíces poéticas y religiosas, acerca de las tierras de los faraones y de la sabiduría hermética primigenia, de manera que simbolismo, realidad, fantasía, religión, filología y anticuaria compartieron espacio en la producción de ideas e imágenes sobre el Egipto faraónico. Acercarnos, aunque sea de manera esquemática, a ese universo anterior a Jean-François Champollion también ofrece pistas para comprender la egiptofilia y la egiptología, que fueron ambas un cúmulo de prácticas y saberes de notable peso en la cultura argentina.

---

3. Apulée. *L'âne d'or ou les métamorphoses*, París, Garnier, 1932, pp. 420-421. Véase: Assmann, John, *Moses the Egyptian. The Memory of Egypt in Western Monotheism*, Cambridge (Mass.)-Londres, Harvard University Press, 1997, pp. 47-50.

Un buen testimonio de esa presencia entre nosotros es el hecho de que el texto que ahora escribimos se ha inspirado en una exposición titulada "Egiptofilia y egiptología en la Argentina, 1840-2020" (Museo Nacional de Bellas Artes, Buenos Aires, octubre 2025-marzo 2026). Además, hemos utilizado como fuentes principales de nuestra pesquisa libros de los siglos XVI al XVIII cuya gran mayoría se encuentra en la Biblioteca Nacional "Mariano Moreno" de Buenos Aires. La procedencia de esos volúmenes es variada. Algunos poblaban las bibliotecas jesuitas de esta parte de América del Sur y pasaron al patrimonio de Temporalidades tras la expulsión de la Compañía en 1767. Un lote perteneció al obispo de Córdoba, Rodrigo de Orellana, a quien el gobierno revolucionario de 1810 confiscó la biblioteca personal para enriquecer con ella el primer fondo de la Biblioteca Pública de Buenos Aires. A esta institución se destinaron también ejemplares relacionados con la egiptología del siglo XVIII, que formaban parte de la colección del obispo de Buenos Aires, Manuel de Azamor y Ramírez, legada en los años '90 del siglo XVIII por ese mismo prelado para formar con ellos una librería pública, anexa a la catedral de la capital del Virreinato del Río de la Plata. Otros volúmenes, los menos, fueron donaciones de coleccionistas locales de fines del siglo XIX y comienzos del XX.

Necesitamos, sin embargo, determinar el punto de partida de nuestro estudio. Pretendemos colocarlo en el momento de la historia europea en que la antigüedad en bloque es vista y vivida como una era concluida y distante, opuesta en muchos sentidos a la vida cristiana y a su escala de valores. Hasta el siglo XIV en la Europa occidental, el *desideratum* de la humanidad se concentraba en la idea del peregrino, del viajero, que transitaba este mundo para asegurarse la presencia futura en el país de la inmortalidad. La salvación del alma era el fin último de toda comunidad y de todo individuo. El ideal de la vida retirada prevalecía y arrinconaba el propósito de los antiguos de identificar la forma más alta y completa de la existencia con el compromiso de participar en la política, es decir, en el espacio compartido de la ciudad antigua (*polis, urbs*). La figura del *homo viator* se contraponía dramáticamente a la del animal político; el alma resguardada por la fe pretendía superar el alma de la extraña criatura curiosa que solo desea saber. Los intelectuales italianos del *Trecento* se concebían a sí mismos como seres bifrontes: un día acuciados por la necesidad de su salvación y al día siguiente atraídos por el cumplimiento de un destino secular y el ascenso a la fama. Si bien Roma, en primer lugar, y Grecia, en el segundo, monopolizaron casi el programa de una vuelta a la vida de la antigüedad y su compromiso mundano, Egipto también apareció en el panorama a partir de 1420. Pero lo hizo más bien despojado de sus vínculos con las creencias judeo-cristianas (la historia veterotestamentaria de José y sus hermanos, la huida de la Sagrada Familia al valle del Nilo) y se presentó como una tierra de arcanos, de antigua sabiduría, que se presumía casi intocada. Apareció de esta forma merced al misterio encerrado en su escritura que, ya en la antigüedad tardía, se mostraba indescifrable y se entendía (equivocadamente) como un sistema simbólico, puramente ideográfico, alejado de las correspondencias fonéticas. Entre los textos de la antigüedad recuperados por los humanistas desde comienzos del siglo XV, se destacó el tratado *Hieroglyphica*, obra de un tal Horapolo compuesta en el siglo V de nuestra era. De modo que podríamos hablar de un capítulo egipcio del llamado Renacimiento de las artes y las ciencias en los albores de la época moderna.

El propósito de este trabajo es exponer el caso de la supervivencia cultural de Egipto en Europa desde el Renacimiento hasta el Siglo de las Luces[4] que, en esta materia, podemos decir, respetando la coherencia cronológica, tuvo un cierre histórico-conceptual en el desciframiento de la escritura jeroglífica sobre la base de consideraciones fonético-lingüísticas y el abandono de la idea de un sistema simbólico de escritura. Nuestra incursión partirá de un abordaje limitado, por razones de espacio frente a la cantidad aplastante de testimonios que existen acerca del asunto, al campo de lo visto por los viajeros europeos que visitaron Egipto entre los siglos XV y XVIII. Nos ocuparemos luego de las cuestiones religiosas planteadas por el renacimiento de lo egipcio; desarrollaremos enseguida el tema del simbolismo que impregnaba entonces el análisis de los mitos, las creencias y los rituales; daremos fin a la presentación con la síntesis que de ese largo período de casi cuatro siglos (1420-1800) se realizó en el campo del relato y de la ciencia histórica.[5]

---

4. Fritze, Ronald H., *Egyptomania. A History of Fascination, Obsession and Fantasy*, Glasgow, Reaktion Books, 2016, Cap. 5: "Egyptomania from the Renaissance to the Enlightenment".

5. Podría decirse que es este un ejercicio de mnemohistoria del antiguo Egipto, correspondiente a la historia intelectual de la Europa de la modernidad temprana. Véase: Assman, Jan, y Florian Ebeling, "The Mnemohistory of Egypt. Approaches towards the Understanding of Egypt in Intellectual History", en Versluys, Miguel John, (ed.), *Beyond Egyptomania. Objects, Style and Agency*, Berlín-Boston, De Gruyter, 2020, pp. 23-38.

➤ Egipto visto y representado ⤺

El país del Nilo fue conocido y recorrido con frecuencia por comerciantes y clérigos europeos entre los siglos XII y XIV. Quedaron registrados en crónicas de viajes de esos tiempos, con informaciones reales y otras fantásticas como las contenidas en el relato de la excursión imaginaria de John de Mandeville en el siglo XIV,[6] un texto de inmensa fortuna que se leería hasta entrado el siglo XVIII. Los periplos que inician nuestro recorrido, marcado por la visión de Egipto y el estudio sobre sus monumentos, fueron los realizados por el mercader Ciriaco Pizzecolli, vástago de una familia poderosa de Ancona quien, llevado por su abuelo materno en diversas excursiones al sur de Italia, hizo por fin un viaje en solitario durante 1412, en un barco que lo condujo a Alejandría.[7] En esa ciudad del delta del Nilo, lo deslumbraron las ruinas greco-romanas y las egipcias que pudo recorrer. De regreso en Italia, decidió estudiar concienzudamente la historia romana y el latín en la escuela de Tommaso Séneca da Camerino. En 1417, reanudó sus viajes; recorrió Dalmacia, Grecia y Constantinopla, donde aprendió el griego. De regreso en Ancona, debía ya de considerárselo un experto en antigüedades porque su ciudad le

---

6. Sir John of Mandeville, *The Voyages and Travels*, Londres-Nueva York-Toronto-Melbourne, Cassell, 1909, pp. 34-42; sobre las pirámides, pp. 38-39.

7. Sobre Ciriaco de Ancona, véanse: Mangani, Giorgio, "Ciriaco d'Ancona e l'invenzione della tradizione classica", en Francesco Calzolaio, Petrocchi, Erika, Marco Valisano y Alessia Zubani, *In limine. Esplorazioni attorno all'idea di confine*, Venecia, Ca'Foscari, 2017, 93-107. Datchev, Lillian, "Ciriaco d'Ancona and the Origins of Epigraphy", en *Renaissance Quarterly*, 76, 2023, pp. 444-496. Grafton, Anthony, "The Ancient City Renewed: Archaeology, Ecclesiastical History and Egyptology", en Anthony Grafton, *Bring Out your Dead. The Past as Revelation*, Cambridge (Mass.)-Londres, Harvard University Press, 2001, pp. 31-6.

encargó la restauración del Arco de Trajano que allí se encontraba. Volvió
a Grecia y a las islas del Egeo a partir de 1423, comenzó su recolección
sistemática de manuscritos y también la tarea de dibujante de las ruinas
de la Antigüedad clásica que encontraba a su paso. Delineó la fachada
del Partenón, edificio al que, por primera vez desde los tiempos de Jus-
tiniano, reconoció como templo de Atenea. Por fin, en 1435, regresó a
Egipto, llegó hasta Menfis, vio las pirámides, escribió sobre ellas y la
escritura jeroglífica. Buena parte de los textos de Ciriaco han desaparecido, pero se conserva un *Itinerarium* de sus recorridos por Grecia, el
Egeo y Egipto, redactado en forma de carta dirigida al papa Eugenio IV
alrededor de 1441 y publicado tardíamente, en 1741.[8] Tras referirse a los
animales que encontró en el Nilo al llegar a Menfis (camellos, elefantes
inmensos, jirafas a las que llama por el nombre árabe, *Zozafos*, temibles
cocodrilos),[9] manifestó su deslumbramiento frente a las pirámides, al
punto de precisar la fecha del encuentro, el 9 de septiembre de 1435:

> "Más allá de toda admiración por su tamaño, las más antiguas cons-
> trucciones que he visto, moles maravillosas de piedra, [...] en una
> de cuyas cúspides descubrimos una vetusta inscripción en caracteres
> Fenicios [Ciriaco aún no disponía de una palabra específica para
> designar los jeroglíficos] indescifrables en nuestro tiempo, debido
> a la antigüedad, el desuso y la impericia que todo ello produjo."[10]

Dibujos realizados por el propio Ciriaco –edificios, detalles de arquitectura, animales exóticos– circularon en Italia largo tiempo, sobre todo
en Venecia. De varios de ellos tomó Gentile Bellini, entre 1504 y 1507,
detalles de su gran cuadro *La prédica de San Marcos en Alejandría*, destinado originariamente para la *Scuola* del santo y hoy en la Pinacoteca
Brera de Milán (**fig. 1**), por ejemplo, el obelisco que aún se levanta en la
ciudad egipcia, con tallas de jeroglíficos en su cara visible, la columna
de Diocleciano, los animales que circulan en la plaza, particularmente la
jirafa. La fachada del templo es una combinación de vistas de la iglesia
veneciana de San Marcos y de la fachada de la *Scuola* en la misma ciudad.[11]

8.   Ciriaco de Ancona [Kiriacis Anconitani], *Itinerarium, nunc primum ex Ms. Cod. in lucem
     erutum*. Edición y prólogo por Lorenzo Mehus, Florencia, Giovanelli, 1742.

9.   *Ibidem*, pp. 50-51.

10. *Ibidem*, pp. 51-52.

11. Dempsey, Charles, "Review Article on Lehmann's and Sheard's books", en *Renaissance
     Quarterly*, vol. 34, n° 1, 1981, pp. 123-126.

FIGURA 1

La década de 1481-1490 fue muy fructífera en materia de relatos de peregrinaciones a Tierra Santa, que incluyeron excursiones a Egipto. En esos años, el viaje de ida desde Europa a Jerusalén solía hacerse en barco desde Venecia por una ruta que tocaba Corfú, el Peloponeso, Creta, Rodas y, por fin, Jaffa. El regreso generalmente se hacía a través del Sinaí para visitar el monasterio de Santa Catalina. Luego de un alto en El Cairo y otro en Alejandría, se tomaba en Damieta un navío de regreso a Italia. Los tres viajeros que nos interesan siguieron ese itinerario. Un dominico suizo, Félix Fabri, fue dos veces a Jerusalén, en 1480 y en 1483-84. Nos dejó una descripción muy sabia de su segundo recorrido, en la que hizo un paréntesis para narrar el mito de Osiris, Isis y Tifón (Seth) a propósito de su influencia en cierta costumbre de los judíos de quemar, todos los años, una vaquillona de pelo rojo en el Monte de los Olivos. El propio Fabri aclaró que su fuente era la *Biblioteca Histórica* de Diodoro Sículo. En los mismos años de 1483-84, un noble jurista, canónigo además de la catedral de Maguncia, Bernhard von Breidenbach, visitó Jerusalén junto a un grupo de caballeros y nobles alemanes. En el relato de sus jornadas en Egipto, camino a Damieta, se ocupó de las pirámides, situadas frente a El Cairo, en la otra margen del Nilo. No dudó de que se trataba de tumbas reales y tuvo por cosa del "vulgo" la idea de que eran los restos de los graneros del patriarca José. Señaló la presencia de la Esfinge, que consideró "ídolo de Isis", amén de las ruinas de una ciudad "poderosísima y muy noble, la de cien puertas", donde san Mauricio reunió a la famosa legión tebana martirizada.[12] Es obvio que Breidenbach confundía los restos de Menfis con los de Tebas del Alto Egipto. Por último, el burgo-maestre de la ciudad valona de Mons, Georges Lengherand, se dirigió a Tierra Santa en 1485-6 y también eligió la ruta del Sinaí y Egipto para regresar a Europa. Llegado a El Cairo, visitó las pirámides y, todavía, no dudó siquiera un ápice de que se trataba de los graneros de José. Sobre la Esfinge, dijo que era un ídolo tallado en la roca viva, "que hablaba y respondía merced a las falacias del diablo."[13]

Entre 1501 y 1502, Pedro Mártir de Anglería fue enviado por Isabel de Castilla y Fernando de Aragón como embajador ante el sultán mame-luco de Egipto, Quansuh al-Ghuri. La misión era delicada, pues buscaba

12. von Breidenbach, Bernhard, *Peregrinationes in terram sanctam*, Maguncia, Ehrard Reuwich, 1486, pp. [251-252].

13. Lengherand, Georges, *Voyage de [...], mayeur de Mons en Haynaut, à Venise, Rome, Jérusalem, Mont Sinaï et Le Kayre, 1485-1486*, Mons, Masquillier y Dequesne, 1861, p. 177.

evitar una respuesta armada a la toma de Granada y la persecución de los musulmanes, que los españoles negaban tanto como las conversiones forzadas. Tras su tarea diplomática, Pedro Mártir consiguió autorización para viajar de Alejandría a Cairo y visitar las pirámides. El relato de su viaje se publicó como *Legatio Babylonica* en 1511, acompañado por la primera *Decas oceani*. Más tarde, en 1516, el autor decidió incluir su texto sobre Egipto en la edición de las primeras tres Décadas del mundo nuevo, justo después de un diccionario de palabras americanas titulado "*Vocabula barbara*", de modo que las reflexiones sobre Egipto se vinculan con aquellas dedicadas a América.[14] En la *Legatio*, Pedro Mártir expresaba sorpresa por el tamaño descomunal de las pirámides, describía sus características y las de la esfinge, y estimaba las medidas de todos estos monumentos. Afirmaba también haberse asomado al interior de la pirámide de Keops desde una abertura sudoriental y haber enviado a sus acompañantes al interior. Gracias a estas observaciones, confirmó la existencia de cámaras funerarias abovedadas y desmintió, en consecuencia, que los edificios fueran los graneros de José.

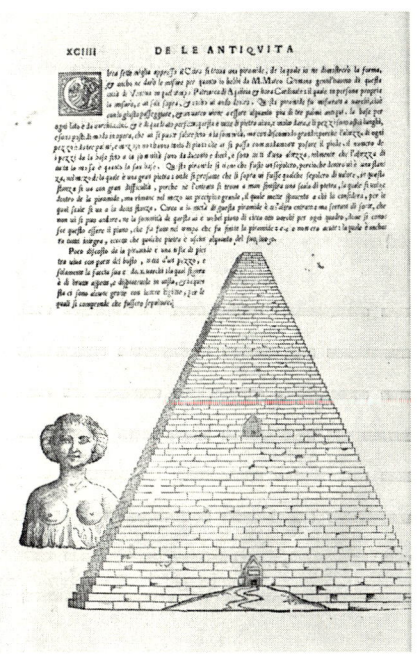

Figura 2

Hubo de ser otro viajero cultivado en las buenas letras, el patricio véneto Marco Grimani, quien transmitió detalles constructivos de la Gran Pirámide y describió la Esfinge de Guiza al arquitecto tratadista Sebastián Serlio. En su *Tercer libro* de la arquitectura de

14. Pedro Mártir de Anglería, *Legatio Babylonica*, Sevilla, Jacobum Corumberger, 1511; Pedro Mártir de Anglería, *De orbe novo decades*, Alcalá, Arnaldi Guillelmi, 1516. Una descripción de los hallazgos de Pedro Mártir en Egipto puede encontrarse en Cravioto Gozálbez, Enrique, "La visita a las pirámides de Egipto de un erudito renacentista: Mártir de Anglería", *Boletín de la Asociación Española de Orientalistas*, 39, 2003, pp. 79–87. Véase también Wagner, Henry R., "Peter Martyr and his works", *Proceedings of the American Antiquarian Society*, 56 (2), 1947, pp. 239-288.

1540, consagrado sobre todo a presentar plantas, cortes y alzadas de los mayores edificios de la Roma antigua, Serlio dedicó un buen espacio a la explicación y un dibujo de la pirámide de Keops, acompañado por una imagen de la Esfinge (**fig. 2**).

Cualquier hipótesis referida al destino de esos monumentos debía asumir su uso funerario, sobre todo cuando se analizaban los espacios interiores del monumento donde se había descubierto ya una cámara indiscutiblemente sepulcral:

> "Se asegura que esta pirámide fue un sepulcro, pues dentro hay una cámara en medio de la cual hay una gran piedra, donde se presume que por encima se había colocado un sepulcro de gran valor. Se va hasta ese lugar con gran dificultad; la entrada da a una escalera de piedra, que se despliega dentro de la pirámide, pero hay un precipicio grande que da miedo a quien lo observa; por esa escalera se va hasta la dicha cámara."[15]

La Esfinge terminó de convencer a Grimani y a Serlio de que se trataba de una tumba:

> "Cerca de la pirámide, hay una cabeza de piedra viva con parte del busto, de un solo bloque; la cara [...] es de feo aspecto y desagradable a la vista, y hay en ella algunas grutas con letras egipcias por las cuales se comprende que [esos monumentos] eran sepulturas."[16]

No hemos de olvidar que ese mismo *Tercer Libro* contiene un breve "tratado de algunas cosas maravillosas de Egipto",[17] cuya fuente principal es el libro I de la *Biblioteca Histórica*, escrita por Diodoro Sículo entre el 60 y el 30 a.C. Serlio se explayó sobre las obras de Simandio (Ramsés II) en la orilla occidental de Tebas, sobre todo el Ramesseum, cuyos relieves principales describió. También mencionó los trabajos de regulación de las aguas del Fayum, que dieron lugar al lago Moeris, y las atribuyó al faraón Miris, un nombre muy difícil de asimilar al de los Amenemhat de la dinastía XII, quienes hicieron las primeras obras en el Fayum. Por supuesto que las tres pirámides de la dinastía IV dieron lugar a un relato pormenorizado sobre sus dimensiones, sus comitentes,

---

15. Serlio, Sebastiano, *Il Terzo Libro*, Venecia, Francesco Marcolino da Forlì, 1540, p. 94.
16. *Ibidem.*
17. *Ibidem*, pp. 154-155.

su excepcionalidad. Y precisamente eſte punto desencadenó una crítica arquitectónica de los monumentos egipcios, debido a sus tamaños excesivos y a su inutilidad social. Serlio opinó:

"Todas eſtas cosas significaron gaſtos verdaderamente inútiles, aunque hayan sido maravillosas, pero nunca he de alabarlas pues son vanas y dañinas. Pues habré de exhortar a fabricar casas, palacios y edificios semejantes deſtinados al uso de los seres humanos, con las formas y ornamentos que convienen. Ya que, por cierto, la comodidad, la belleza de los edificios es para la utilidad y contento de sus habitantes, motivo de alabanza y ornamento para la ciudad, de placer y deleite para quienes los miran. Aunque fue digno de elogios y muy útil el gran lago que mandó hacer el rey Miris en beneficio de Egipto."[18]

Juan León el Africano (Al-Hasan ibn Muhammad al-Wazzan al-Zayyati) fue un andaluz de familia árabe, criado y educado en Marruecos. En 1518, resultó capturado por corsarios españoles y llevado a Roma, donde el papa León X (Giovanni de Medici) lo conoció. Atraído por la inteligencia y la cultura del prisionero, el pontífice le dio la libertad y le encargó la redacción de un tratado geográfico e hiſtórico sobre África. Con el nombre de Giovanni Leone, recibió el bautismo de manos del mismo papa en la basílica de San Pedro, en 1520. Protegido más tarde por Clemente VII, otro pontífice de la familia Medici, terminó de escribir, en 1526, el texto acerca de África que le había encargado su padrino. Tras varios intentos, Giovanni Battiſta Ramusio publicó esa *Descripción de África, tercera parte del mundo*, en el volumen de sus *Navegaciones y Viajes*, editado en 1550.[19] Todo el libro VIII de la obra eſtá dedicado a Egipto cuya alegoría, extraída de las medallas del emperador Adriano, se ha colocado en la página inicial de la relación. Una mujer sentada y majeſtuosamente veſtida apoya un brazo sobre una canaſta repleta de las mieses del Nilo y soſtiene con el otro una esfera armilar, símbolo de la sabiduría y el cultivo de la ciencia aſtronómica que caracterizaron a

---

18. *Ibidem*, p. 155.
19. Seguimos la traducción francesa, salida en Lyon en 1556: African, Jean Léon, *Description de l'Afrique, Tierce Partie du Monde*, Lyon, Jean Temporal, 1556. Quien quiera conocer el personaje y su obra a fondo, ha de leer el bello libro de Zemon Davis, Natalie, *Trickster Travels: a Sixteenth-Century Muslim between Worlds*, Nueva York, Hill and Wang, 2007.

Proëme.

FIGURA 3

Egipto desde la más remota Antigüedad. Es probable que el ave zancuda sobre un pedestal frente a la mujer sea una garza, asociada con el sol, Ra, en la mitología y los jeroglíficos (**fig. 3**).

León insertó una noticia extraña en las pocas líneas dedicadas a las "antigüedades" egipcias: uno de los Ptolomeos, preocupado por la seguridad del puerto de Alejandría, hizo erigir un columna muy alta en el ingreso y, en su parte superior, mandó colocar un gran espejo de acero. Al pasar cerca de la columna, si se mantenía descubierto el espejo, las naves enemigas terminaban quemadas por acción a distancia del dispositivo. León juzgaba ridícula e imposible la historia pero, a decir verdad, pudo haberse tratado de un espejo ustorio parabólico, como los que inventó y fabricó Arquímedes en Siracusa para incendiar la flota romana que sitiaba esa ciudad.[20]

El naturalista francés Pierre Belon realizó una serie de viajes científicos, de descubrimiento y explicación de cosas, seres y fenómenos extraordinarios, que lo llevaron a Grecia, Turquía, Egipto, Arabia y Palestina

---

20. *Ibidem*, p. 341. Dannenfeldt, Karl H., "Egypt and Egyptian Antiquities in the Renaissance", en *Studies in the Renaissance*, vol. 6, 1959, pp. 7-27.

entre 1546 y 1549. En 1553 y 1555 publicó, por segunda vez, su mayor obra: *Las observaciones de muchas singularidades y cosas memorables encontradas en Grecia, Asia, Judea, Egipto, Arabia y otros países extranjeros*.[21] Su trabajo botánico y zoológico sobrepasa el histórico pues, por ejemplo en el caso egipcio, enumera, describe y representa especies como el tejón, las cigüeñas, tan amadas por los habitantes del país, el cocodrilo del Nilo, el hipopótamo y la jirafa, cuyos rasgos de belleza, amabilidad y majestad ensalza.[22] Sus ideas acerca de la permanencia milenaria de las formas del vestir, de trabajar la tierra y las costumbres rurales, son reveladoras de la agudeza de su mirada.[23] La "observación" por separado de las tres pirámides en Guiza y de las muchas otras que se encontraban dispersas en todo el país, así como sus consideraciones sobre la esfinge, no se apartaron de las que ya se habían convertido en lugares comunes ("parecen montañas de magnitud desmesurada"), salvo en el asunto del interior de la Gran Pirámide que nuestro autor recorrió por sí mismo. Belon puntualiza que los "conductos" fueron todos abiertos en el mismo plano transversal a la cara de la pirámide por donde se ingresa, cosa que elogia pues, de otro modo, usar un plano oblicuo hubiese hecho imposible la iluminación de las cámaras y de la galería. Ésta es espaciosa, de pendiente uniforme sin escalones, factores que permiten la circulación de una persona de pie al mismo tiempo que su ascenso hasta la cámara principal, donde sólo se conserva un cofre de mármol negro, de una pieza, que hubo de ser el sarcófago del faraón.[24] Al ocuparse de la esfinge, Belon aprovecha para referirse a la difusión de esa figura, tallada, fundida o pintada, en las Europas clásica y moderna.[25] Al considerar la rareza que implican el carácter monolítico y el tallado pulcro de los obeliscos, tanto a la hora de fabricar la pieza completa como de cavar los jeroglíficos en sus caras, escribió:

"Al ver una piedra de una sola pieza, tan grande, larga, pesada y tan bien pulida, muchos no pueden creer que no haya sido hecha con

---

21. Hemos utilizado la siguiente edición: Belon du Mans, Pierre, *Les observations de plusieurs singularitez et choses mémorables trouvées en Grèce, Asie, Judée, Égypte, Arabie et autres pays étrangers*, París, De Marnef y Cavellat, 1588.
22. *Ibidem*, pp. 211, 226, 230, 262-263.
23. *Ibidem*, p. 227.
24. *Ibidem*, pp. 253-256.
25. *Ibidem*, pp. 258-260.

algún tipo de mezcla [húmeda]. [...] Pero piensan mal. [...] Lo que hace de los Obeliscos esos objetos tan admirables es el verlos de una sola piedra, como quien imaginase una torre de una pieza única."[26]

Bastante más tarde, François de La Boullaye Le Gouz fue un viajero y diplomático francés que representó a Luis XIV ante la corte de Persia y otras monarquías orientales, de 1643 a 1668, fecha de su muerte en Ispahan. Su primer periplo en el Levante lo condujo a la India del Gran Mogol y, de regreso, al Egipto de los mamelucos, teóricamente subordinados al sultán de Constantinopla, en 1649. Esa etapa del viaje coincidió con el descubrimiento de una momia en Menfis, ceñida por un cinturón con una larga inscripción jeroglífica que nuestro autor copió cuidadosamente (**fig. 4**).

Du Sieur de la Boullaye le-Gouz.   357

Figure de lettres Hieroglifiques trouuées sur la ceinture
d'vne Mumie, pendant le séjour de
l'Autheur en Egypte.

Y y iij

FIGURA 4

---

26. *Ibidem*, p. 210.

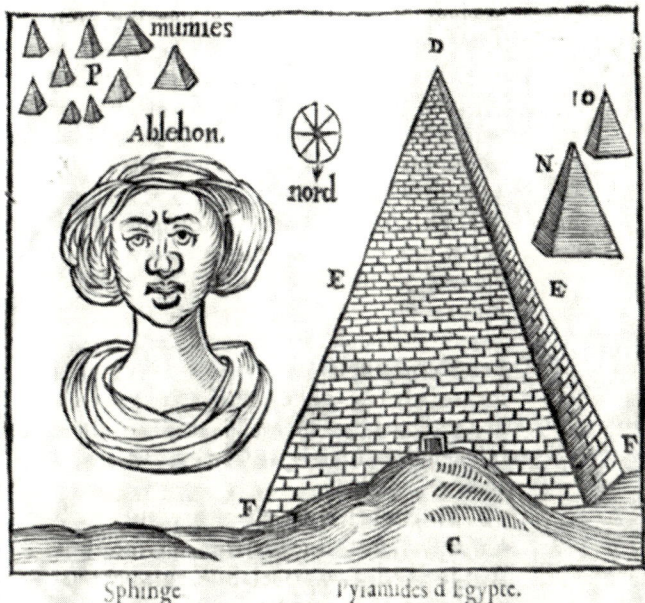

FIGURA 5

Por supuesto que las pirámides y la Esfinge de Guiza fueron objeto de un capítulo y de una lámina especiales (**fig. 5**). Tal cual parece haber ocurrido desde Bellon en adelante, Le Gouz también recorrió los pasadizos y la Gran Galería del interior de la pirámide de Keops. Para hacer más explícita su mención de la estrechez de los primeros pasajes, contó la historia entre dramática y grotesca del franciscano, capellán del cónsul de Francia, fraile que lo había acompañado en la visita e ingresado detrás suyo a la gran tumba:

> "[...] pero su estómago resultó ser más grande que su cabeza y tuvo muchas dificultades para retirarse del pasaje, y creo que si se hubiese introducido bruscamente, habría sido necesario desmembrarlo o bien cortarlo en cuartos para sacarlo de ese agujero y facilitar nuestra salida. Cosa que me habría producido mucha pena por ser él un santo personaje, lleno de dulzura y caridad."[27]

Un matemático y anticuario inglés, John Greaves, profesor de geometría en el Gresham College de Londres, viajó a Italia y el Levante entre

27. M. de la Boullaye Le Gouz, *Les Voyages et Observations de* [...], París, Gervais Clousier, 1653, pp. 362-363.

1636 y 1640. En Roma, estudió particularmente los obeliscos egipcios que se instalaron en varias plazas principales de la ciudad, en particular la aguja de Domiciano, que aún estaba partida cuando Greaves la vió, pero que sería restaurada poco después y colocada sobre la Fuente de los Cuatro Ríos, emplazada por Bernini en la Piazza Navona entre 1648 y 1651. Entusiasmado también con los estudios astronómicos, nuestro profesor partió hacia Estambul y siguió luego a Alejandría con el objeto de medir la latitud de esa ciudad desde la cual Ptolomeo había hecho sus mediciones del *Almagesto*. Remontó el Nilo hasta Guiza, donde pudo analizar por su cuenta la orientación, las medidas y la arquitectura exterior e interior de la Gran Pirámide. Volcó esa experiencia en un informe que se convertiría en el texto más completo sobre aquel monumento, consultado y apreciado hasta bien entrado el siglo XIX. Se trataba de la *Pyramidographia o Descripción de las Pirámides en Egipto*, ilustrado y publicado en inglés en 1646.[28] La traducción de este opúsculo al francés y su edición, con *tailles-douces* de los monumentos (**fig. 6**), en la colectánea francesa *Relaciones de varios viajes curiosos que no han sido publicadas,*[29] impresa en 1664 en París, garantizaron el conocimiento de la obrita en toda Europa.

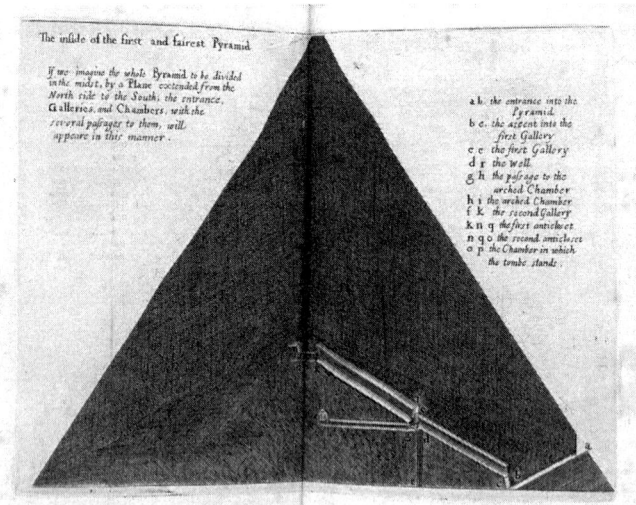

FIGURA 6

28. Greaves, John, *Pyramidographia or a Description of the Pyramids in Aegypt*, Londres, George Badger, 1646.

29. *Relations de divers voyages curieux, qui n'ont point été publiées*, París, Jacques Langlois, 1664, pp. i-xxv.

Lo cierto es que la imagen grabada del interior de la tumba de Keops es tan clara y perfecta que, en la práctica, las representaciones actuales de ese monumento parecen reproducir la publicada por John Greaves (**fig. 7**).

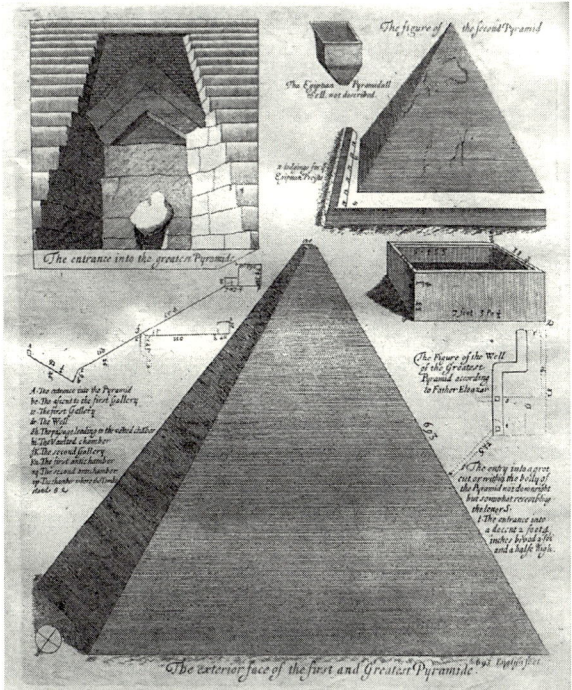

FIGURA 7

La hipótesis central del trabajo de este matemático anticuario consistía en ligar la construcción de las tumbas, inigualables en cuanto al tamaño y al peso de materiales que constituían las pirámides, con las ideas egipcias sobre la muerte, el dualismo cuerpo-alma y la vida imperecedera. Pues, según Greaves, aquella cultura lejana entendía que, en tanto el cuerpo de un ser humano se conservase incorrupto para siempre, el alma tendría donde habitar y existir como ente inmortal.[30] La mayor parte del informe está dedicada al interior del edificio, a la construcción de una base de piedras enormes y densas que debían soportar el peso de los bloques de la pirámide propiamente dicha. Sigue la mención de los talismanes y conjuros dispersos en los primeros accesos a las cámaras, consagrados a evitar la intrusión de personas y animales que pudiesen

---

30. *Ibidem*, pp. i-vii.

arruinar ese relicario gigantesco de los faraones.[31] El Inglés recalcaba que la secuencia de corredores y galerías se desenvolvía sobre una recta precisa que culminaba en la cámara sepulcral del rey, en el centro geométrico de la pirámide.[32] Que el libro de Greaves tuvo una vigencia casi secular lo prueba una edición de la *Pyramidographia*, publicada junto a otras obras del autor en 1737 y precedida por su biografía, que escribió el erudito Thomas Birch.[33]

Durante casi un siglo a partir de la primera edición de aquella obrita tan influyente, los datos aportados por los viajeros a Egipto modificaron muy poco el conocimiento de sus antigüedades e insistieron en focalizar sus relatos sobre el interior de las pirámides.[34] Sin embargo, no deja de sorprender el grabado que, en 1714, el famoso holandés Joseph Mulder hizo del interior de la Gran Galería en la Pirámide de Keops, una imagen en perspectiva que transmite con intensidad la experiencia visual de recorrer ese acceso a la cámara sepulcral del rey (**fig. 8**).

Paul Lucas, quien viajó en 1714 al país del Nilo por orden de Luis XIV, parece haber sido el primero que dejó testimonio directo de algunos monumentos del Fayum y del Alto Egipto, como el llamado "Laberinto" por Heródoto, que fue el palacio de Amenemhat III en Hawara, y los edificios ruinosos en la árida Tebaida. En 1740, el abate Le Mascrier compuso una *Descripción de Egipto* a partir de catorce cartas extraídas de las *Memorias* del señor Benoît de Maillet, cónsul francés en Egipto. No faltaron allí los datos consabidos de las pirámides y nuevos informes

---

31. *Ibidem,* pp. x-xiii.
32. *Ibidem*, pp. xvi-xviii.
33. Greaves, John, *Miscellaneous Works*, Londres, Hughes, 1737. Acerca del cuaderno de notas tomadas por este autor durante el viaje a Egipto, véase: Shalev, Zur, "The Travel Notebooks of John Greaves", en Alastair Hamilton, van den Boogert, Maurits H., y Bart Westeweel, *The Republic of Letters and the Levant,* Brill, Leiden-Boston, 2005, pp. 77-102.
34. Véanse, por ejemplo: Dapper, Olfert, *Description de l'Afrique,* Amsterdam, Wolfgang, Waesberge, Boom y van Someren, 1686, pp. 64-81; Le Bruyn, Cornelis, *Voyage au Levant, c'est-à-dire, dans les principaux endroits de l'Asie Mineure, dans les isles de Chio, Rhodes, & Chypre &c. De même que dans les plus considérables villes d'Egypte, de Syrie, et de la Terre sainte*, París, Cavelier, 1714, I, pp. 192-201; Thévenot, Jean de, *Voyages de M. ... au Levant où l'Égypte est exactement décrite avec ses principales Villes et les Curiosités qui y sont*, Amsterdam, Le Céne, 1727, II, pp. 409-426; Lucas, Paul, *Voyage du Sieur... fait en MDCCXIV etc. par ordre de Louis XIV dans la Turquie, l'Asie, Sourie [Syrie], Palestine, Haute et Basse Égypte etc.*, París, Machuel, 1728, III, pp. 135-150; Maillet, Benoît de, y abate Jean-Baptiste Le Mascrier, *Description de l'Égypte*, La Haya, Isaac Beauregard, 1740, I, pp. 271-328; II, pp. 39-86.

FIGURA 8

acerca de las ruinas de la Tebaida en el Alto Egipto (carta VIII), pero lo nuevo y más interesante de la carta VI, consagrada a los monumentos de Guiza, fue la hipótesis de cómo se cerraron y clausuraron los "canales" (pasadizos y galerías) de la Gran Pirámide mediante dispositivos sencillos, movidos por la fuerza de gravedad.

El siglo XVIII produjo una obra magnífica que probablemente introdujo un punto de inflexión en el conocimiento de Egipto: el relato del marino danés Frederik Ludvig Norden sobre su *Viaje de Egipto y de Nubia*, realizado cuando intentó llegar hasta Etiopía en una misión diplomática que le fue encargada por el rey Christian VI de Dinamarca. El texto, publicado póstumamente en 1755,[35] fue concebido como una sucesión de comentarios a 158 dibujos, hechos por el propio Norden, que ilustraban varias etapas de su estancia y de su ascenso por el Nilo hasta Derr o Deir, más allá de Asuán si bien un largo trecho antes de Abu-Simbel, sitio este al que nuestro viajero no pudo llegar. Las zonas antiguas y modernas de Alejandría y El Cairo fueron exhaustivamente explicadas e ilustradas en las tres primeras partes del libro.[36] La cuarta parte fue dedicada exclusivamente a las pirámides de Guiza y a ella se agregó un apéndice de treinta y una observaciones y correcciones a la *Pyramidographia* de Greaves, página por página, lo cual refuerza nuestra idea de la autoridad secular de aquel célebre texto, editado en 1646 por primera vez.[37] Seguía entonces el relato de la navegación río arriba por el Nilo hasta Deir. Después de 43 días de viaje, el 1° de enero de 1738, Norden y sus hombres fueron detenidos allí por el *Schorbatschie,* un reyezuelo de la región, quien había reunido a su consejo o *diván* en el lugar. Al enterarse de que el europeo pretendía llegar hasta la segunda catarata para seguir luego hacia Etiopía, el jefe del territorio pidió una cantidad desmedida de regalos que Norden no podía ofrecer. El 7 de enero de 1738, el grupo expedicionario inició el viaje de regreso río abajo.[38]

La fama del marino dinamarqués lo llevó a ser nombrado miembro de la *Royal Society* en 1741. Comenzó a ordenar los papeles de su diario y los extraordinarios dibujos que había realizado, pero murió en Londres

---

35. Norden, Frederic Louïs, *Voyage d'Égypte et de Nubie*, Copenhague, Imprenta de la Casa Real de Huérfanos, 1755.

36. *Ibidem,* pp. 1-70.

37. *Ibidem,* pp. 73-88 y 90-101.

38. *Ibidem,* pp. 227-238.

FIGURA 9

un año más tarde. El grabador Carl Marcus Tuscher pasó esos dibujos
a planchas de cobre y así la edición francesa de 1755 se completó con
un volumen de láminas. El mismo artista diseñó y grabó la *taille-douce*
de las portadas de la obra (**fig. 9**). La alegoría del reino de Dinamarca
es una mujer armada con casco, coronada de laureles y un estandarte de
Cristo sostenido por su brazo derecho. Con el izquierdo, ella señala otra
imagen alegórica que representa a Egipto, mujer con el *ureus* en la frente
y un sistro en su mano derecha. Por debajo del pedestal, se acumulan
jeroglíficos tallados, la cabeza cortada de una escultura de mujer y un vaso
canope. La figura alada representa la Fama que hace sonar una trompeta
bajo la copa de una palmera. En el fondo, se ven los Colosos de Memnón
y un obelisco cubierto de jeroglíficos. Un león, animal heráldico de Dina-

marca, asoma su cabeza por detrás de la alegoría principal, a cuyos pies se extiende la figura de un hombre recostado que alude al Nilo, sentado sobre un cocodrilo y apoyado en la cabeza de una esfinge coronada de frutos. Una garza o una cigüeña, emblema de Egipto, ocupa el ángulo inferior derecho. La ciencia y el trabajo de Dinamarca descubren los tesoros y antigüedades del país de los faraones. Los grabados de Tuscher son sencillamente obras maestras de la *taille-douce*, por la perfección técnica y la originalidad de sus visiones panorámicas o los puntos de vista elegidos (**fig. 10**), que nos muestran monumentos muy conocidos bajo una nueva perspectiva o revelados en esta ocasión (**fig. 11**).

FIGURA 10

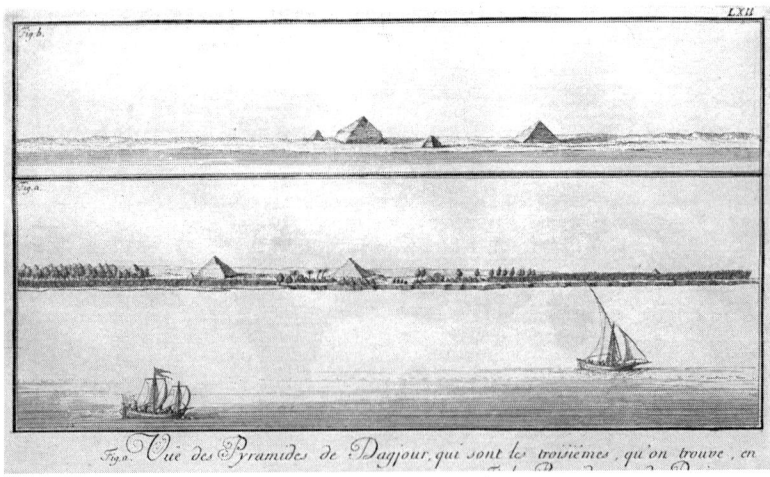

FIGURA 11

➤ Las cuestiones religiosas ≈←

Un mosaico del siglo XIII, que se encuentra en el atrio de la iglesia de San Marcos en Venecia, representa un episodio de la vida de José Hebreo: cuatro campesinos egipcios que han cosechado mieses de trigo se aprestan a guardarlas en tres graneros de forma piramidal (**fig. 12**). Se trata de las tres pirámides de Egipto, pues la *interpretatio christiana* de los monumentos de Guiza los consideraba graneros y no sepulcros.

FIGURA 12

Desde Egeria, en el siglo IV, hasta el siglo XIV prevaleció esa noción, que solo fue abiertamente discutida en el siglo VII por Isidoro de Sevilla, quien las identificaba como sepulcros, según la misma opinión de Plinio. John de Mandeville, en sus *Viajes* imaginarios del siglo XIV, contrapuso los dos puntos de vista pero se inclinó todavía por la idea de que se trataba de los almacenes mandados a construir por José: "Algunos dicen que [las pirámides] son las tumbas de grandes hombres de tiempos antiguos, pero la opinión común es que se trata de los graneros de José, algo que se encuentra en las crónicas. En verdad, no es probable que fueran tumbas".[39]

Mientras la Edad Media cristiano-occidental insistía en aquel error sobre las pirámides, los cronistas e historiadores árabes sabían perfectamente y predicaban que se trataba de sepulcros del tiempo de los faraones, aun cuando discutían acaloradamente si habían sido erigidas antes o después del Diluvio.[40] A fines del siglo XII, el médico, filósofo e historiador Abd al-Latif al-Baghdadi (1162-1231) describió en detalle los monumentos egipcios en ruinas, consciente de la gran distancia temporal y cultural que de ellos separaba al islam de la propia época. Sin embargo, subrayaba el cuidado que habían tenido los árabes por conservar pirámides y templos:

"Los soberanos se han preocupado siempre y mucho de la conservación de tales restos preciosos de la Antigüedad y, si bien enemigos declarados de los pueblos que los construyeron, nunca aceptaron que se los dañara o se los destruyera. [...] Esos monumentos son todavía advertencias para el porvenir, pues llaman nuestra atención sobre la suerte reservada a las cosas de este mundo. Pero nos ofrecen además un bosquejo de la historia y de la conducta de los antiguos habitantes de la tierra. Al estudiarlos, aprendemos a qué grado de avance ellos habían llegado en el campo de la ciencia, cuánta era la precisión de sus espíritus".[41]

---

39. Moseley, C.W.R.D., ed. y trad., *The Travels of Sir John Mandeville*, Londres, Penguin, 1983, p. 67.

40. Cuando el sabio Abu Ja-Far al-Idrisi (1173-1251), autor de un tratado sobre las pirámides, sintetizó esos debates, encontró que 22 autores anteriores habían abordado la cuestión, 18 de los cuales favorecían la hipótesis antediluviana. Cfr. Fritze, Ronald, *Egyptomania*, Londres, Reaktion Books, 2016, cap. 4. Véase también Rosenthal, Franz, "Das Pyramidenbuch des Abu Gafar al-Idrisi (st. 649/1251)", *The Journal of the American Oriental Society*, vol. 114, no. 4, Oct.-Dec. 1994, pp. 690+.

41. Cit. en Schnapp, Alain, *Une histoire universelle des ruines, des origines aux Lumières*, París, Seuil, 2020, p. 392.

En la época del mayor florecimiento de la civilización árabe, pese a que se creyera que las ruinas egipcias eran restos de una religión de idólatras, opuesta y justamente arrasada por el islam, al-Baghdadi celebraba a los gobernantes musulmanes por su interés en mantener aquellos restos materiales del pasado.

Ya hemos insinuado hasta qué punto el renacimiento egipcio aumentó la complejidad de la cuestión religiosa entre los intelectuales del *Quattrocento* italiano al ensanchar el horizonte de la confrontación entre creencias.[42] Es más, el bagaje que el pasado de la tierra del Nilo llevaba consigo para enriquecer al humanismo mediterráneo incluía un capítulo inesperado aunque no sin antecedentes en los debates filosófico-religiosos del cristianismo occidental.[43] Nos referimos a la doctrina asociada con la figura de Hermes Trismegisto, mítico filósofo y profeta egipcio de cuyo magisterio se suponía que Moisés y Homero habían abrevado. Así, la filosofía hermética habría sido la base egipcia tanto del pensamiento hebreo y la prédica de los profetas, cuanto del pensamiento helénico, especialmente de Platón y sus continuadores. De todas maneras, el hermetismo de la antigüedad tardía había producido una "visión egiptocéntrica del mundo". Egipto se había convertido, para esa línea de la religión antigua, en "la imagen del cielo", "el templo del mundo entero", "el foco de todas las energías celestes" y "la más sagrada de las naciones".[44]

Si bien el *Asclepio*, uno de los principales textos herméticos, había circulado en Occidente al menos desde el siglo XII, en la década de 1460 llegó a manos de Cosme de Medici en Florencia un conjunto de fuentes herméticas (el *Poimandres*, la *Llave*, la *Crátera*), pronto traducidas por Marsilio Ficino y publicadas en latín en 1471. La idea básica de ese *corpus* es la afirmación de la existencia de una teología primitiva que habría sido el origen de las grandes religiones en la cuenca del Mediterráneo y en Medio Oriente. En primer lugar, la religión egipcia, luego la mitología

---

42. Por supuesto, los sabios árabes también se aproximaron a la filosofía hermética incluso antes que los europeos. Al respecto, véase van Bladel, Kevin, *The Arabic Hermes. From Pagan Sage to Prophet of Science*, Oxford, Oxford University Press, 2009.

43. Los Padres de la Iglesia, entre los siglos III y V, citaron el *Corpus Hermeticum* y discutieron su teología, equiparándola algunas veces con el pensamiento de la Iglesia o rechazándola de plano, en otras ocasiones, como fue el caso de san Agustín en *La Ciudad de Dios*, Libro VIII, 23-24.

44. Fowden, Garth, *The Egyptian Hermes. A Historical Approach to the Late Pagan Mind*, Princeton, Princeton University Press, 1993, p. 39.

olímpica y la sabiduría de los hebreos desplegada en la Biblia, también el mazdeísmo de los persas, el platonismo y por último el propio cristianismo habrían sido derivaciones de la filosofía hermética.[45] Bajo el influjo de Ficino, de su traducción del *corpus* y de su articulación con la síntesis histórica del pensamiento humano que postuló Pico della Mirandola, no solo el hermetismo se aproximó al cristianismo, sino que llegó, en algunos casos, a ser absorbido por la filosofía cristiana del Renacimiento.[46]

El pavimento de la Catedral de Siena es un conjunto único de imágenes, hechas de taracea marmórea, que ilustran episodios de la historia bíblica, desenvuelven alegorías de la virtud y de la sabiduría, retratos imaginarios de las Sibilas y, en el punto de ingreso a la basílica, parten de una representación de Hermes Trismegisto compuesta por Giovanni Distefano en 1488 (**fig. 13**). Hermes es la figura imponente que se encuentra en el eje central de la composición. Lo caracterizan su mitra, el hábito talar y el cíngulo de varias borlas que podría aludir, como en el caso de la liturgia católica, a la castidad del sacerdote. "El Tres Veces Grande, contemporáneo de Moisés", según reza la cartela inferior, entrega a un hombre con turbante a su derecha el libro de "las letras y leyes de Egipto". Frances Yates cree que esta figura podría ser la de Moisés y que detrás suyo aparecería "un egipcio piadoso, participante en los diálogos herméticos, quizás Asclepio o Tot": Hermes apoya su mano izquierda sobre una cartela sostenida por dos esfinges aladas, entre las que se yergue un caduceo.[47] La cartela contiene una larga inscripción compuesta por fragmentos del *Asclepio*, donde se menciona al Dios creador, padre de un hijo único, bello y amado, al que se llama el Verbo Santo. El pasaje reconfigurado del *Asclepio* resulta entonces la proclamación del hijo de Dios que es él mismo Dios y Palabra.

Otro ejemplo de la impregnación hermética en las representaciones bíblicas y cristianas es uno de los paneles que decoraban la cámara nupcial de Pier Francesco Borgherini y *madonna* Margherita en el palacio florentino de la familia desde 1517-18. Granacci, Bachiacca, Andrea del

45. Ebeling, Florian, *The Secret History of Hermes Trismegistus. Hermeticism from Ancient to Modern Times*, Ithaca-Londres, Cornell University Press, 2007, pp. 60-70.

46. Assmann, *op.cit.*, 17-21. Eric Iverson, "The Hieroglyphic Tradition", en J.R. Harris, *The Legacy of Egypt*, Londres, Oxford University Press, 1971, pp. 170-196.

47. Yates. Frances, *Giordano Bruno and the Hermetic Tradition*, Londres y Nueva York, 1964, pp. 42 y ss.

FIGURA 13

Sarto y Pontormo participaron en ese programa pictórico de pequeñas escenas, tan características de la pintura florentina, que componían las predelas de los retablos, ornaban los *cassoni* y poblaban los *studioli*.[48] Es una de las piezas del Pontormo la que nos interesa: un cuadrito de 44 x 49 cm, donde se representa una compleja e intrincada síntesis de la *Historia de José en Egipto*. En el ángulo inferior izquierdo, vemos el homenaje que la familia de Jacob tributa al faraón; en el ángulo inferior derecho, aparece José en una suerte de carro triunfal tirado por tres *putti*, mientras recibe el pedido de la muchedumbre reunida más lejos, en el centro de la escena, o quizás la noticia de la enfermedad de su padre (**fig. 14**). Arriba a la derecha, se levanta un edificio circular en cuyo interior ocurre la muerte de Jacob, rodeado por su familia.

---

48. Berti, Luciano, *L'opera completa del Pontormo*, Milán, Rizzoli, 1973, pp. 92-93.

FIG. 14

FIGURA 15

Efraín niño, segundo hijo de José, se muestra tres veces: a mitad de camino de la escalera curva que flanquea aquella construcción, en el tope cuando es recibido por su padre y, por fin, a la vera de la cama de su abuelo quien lo bendice y le transfiere sus derechos de filiación. El paisaje que se abre en la franja central de la pintura muestra a los hermanos de José alrededor de una roca o en el camino hacia una casa cuya fachada parecería evocar el gran perfil de una pirámide. Pero los detalles que más han llamado la atención, especialmente entre los iconólogos, son las tres figuras de estatuas vivientes: la de un hombre en la entrada del palacio del faraón, la de una mujer joven y desnuda en lo alto de la escalera, la de un niño sobre la columna que remata el carro de José. Frederick Clapp las identificó como los equivalentes egipcios de Marte, Venus y Cupido.[49] Rachel Wischnitzer las ha interpretado en clave alegórica, pues representarían las tres edades del ser humano, aunque ha insistido en la asociación de la mujer con Venus y la *Caritas*.[50] Kaoru Adachi las asoció, por primera vez, con las estatuas vivientes de la antropología hermética,[51] forma corriente de la teurgia, es decir, de una magia sublime llamada *telestiké*, que permite a los humanos encontrar los mecanismos, tanto naturales cuanto divinos, para insuflar la vida en nuestros simulacros.[52] Precisamente son simulacros las estatuas creadas por los artistas, pues ellas constituyen las formas más altas y aptas para recibir el soplo del movimiento autónomo y del habla. De acuerdo con el *Asclepius*:

"Nuestros ancestros […] inventaron un arte por el cual podían crear dioses. […] Aunque no eran capaces de crear almas, convocaron las almas de demonios y ángeles, y las implantaron en imágenes con ritos sagrados y divinos. Por este medio, pudieron crear ídolos que tenían tanto poderes benévolos cuanto malévolos".[53]

---

49. Clapp, Frederick Mortimer, *Jacopo Carucci da Pontormo, His Life and Work*, New Haven, Yale University Press, 1916, p. 157.

50. Wischnitzer, Rachel, "Jacopo Pontormo's Joseph Scenes", *Gazette des Beaux-Arts*, marzo de 1953, vol. 41, n° 1010, p. 155.

51. Adachi, Kaoru, "La statua vivente. Una precisazione iconografica della *Giuseppe in Egitto* del Pontormo", in *Bijutsushigaku*, 1997, no. 19, p. 110.

52. Ziolkowski, Theodore, "Talking Statues?", *Modern Language Review*, vol. 110, part 4, oct. 2015, pp. 946-68, esp. p. 950; Canetti, Luigi, *Statue. Rituali, scienza e magia dalla Tarda Antichità al Rinascimento*, Tavarnuzze-Impruneta, Florencia-Roma, Edizioni del Galluzzo, 2017.

53. *Asclepius. The Perfect Discourse Of Hermes Trismegistus* trad. por Clement Salaman, Londres, Nueva Delhi, Nueva York, Sydney, 2007, p. 94.

Egipto se identifica entonces, en el cuadro de Pontormo, con la tierra de los prodigios más poderosos, con el lugar donde el pueblo elegido ha de transitar por un período de aprendizaje mágico, en el sentido más elevado de adquisición del saber de la naturaleza para lograr el dominio de sus fuerzas. Eſta pintura sugiere que el proceso habría de ser dramático, confuso, agitado.[54] Pues, una vez alcanzado ese conocimiento, Israel debería liberarse de él, superarlo con el fin de alcanzar la Tierra Prometida, vale decir, la patria de la paz, la felicidad y el Bien en toda su plenitud. La religión hermética de raíz egipcia cumplía de eſta suerte un papel sapiencial en la larga hiſtoria que culminaría en el triunfo de la religión criſtiana. Bartholomeus Breenbergh, pintor holandés que eſtudió en Italia entre 1619 y 1629, pintó en 1655 una escena egipcia vinculada también con la hiſtoria de José (**fig. 15**). La tela, *El patriarca diſtribuye trigo entre los egipcios,* reproduce la composición y las arquitecturas del cuadro de Pontormo, aunque lo hace sin presentar las rarezas asombrosas y significativas de la obra del toscano. Es una hiſtoria apaciguada.

Entre 1526 y 1531, el pintor Lorenzo Lotto, natural de Venecia, activo en Treviso, Las Marcas, su ciudad natal, Roma y Bérgamo, diseñó las imágenes para los espaldares de la sillería del coro en la catedral de Santa Maria Maggiore, en Bérgamo, y para las cubiertas de madera que los protegerían. Giovanni Francesco Capoferro convirtió todas ellas en espléndidas taraceas de decenas de maderas diferentes, teñidas o con sus colores naturales. Las planchas de la sillería representan escenas del Antiguo Teſtamento y las cubiertas son composiciones jeroglíficas, *invenzioni*, que desenvuelven los significados ocultos en esos hechos bíblicos. Se trata de una serie de 31 *imprese* o emblemas cuyos desciframientos siguen siendo todavía, en muchos casos, materia de discusiones abiertas.[55] En una carta datada en Venecia el 10 de febrero de 1528 y dirigida a los rectores del Consorcio de la Misericordia de Bérgamo, eſto es, a los comitentes de la empresa y responsables del guion iconográfico, nueſtro artiſta aludió a sus dificultades en el momento de encarar las composiciones de las cubiertas:

---

54. Kuusamo, Altti, "Uncertain Signifiers: 'an affective fantasy' in Jacopo Pontormo's *Joseph in Egypt*", *Kunstiteaduslikke Uurimusi*, 28 (1-2), 2019, pp. 7-25.

55. Bonnet, Jacques, *Lorenzo Lotto*, París Adam Biro, 1996, pp. 121-128. Cortesi Bosco, Francesca, *Il coro intarsiato di Lotto e Capoferri per Santa Maria Maggiore in Bergamo*, Bergamo, Crédito Bergamasco, 1987.

FIGURA 16

"En cuanto a los dibujos de las cubiertas, sabed que son cosas que, al no estar escritas, deben nacer de la imaginación. Y bien, hasta ahora no he logrado concebir ni uno solo, cosa que no me sorprende pues no recibí de vosotros, tan avaros en caricias, sino cartas en las que me humilláis, me atropelláis y amenazáis. Paciencia. Lo lograré, si Dios lo quiere, perseverando en la fidelidad que he demostrado hasta aquí por deber de ser humano y más aún por mi naturaleza."[56]

Lotto contó con el auxilio de varias personas para componer los cuadros bíblicos e imaginar las *imprese*. El franciscano Francesco Terzi, "consultor teológico" nombrado por el Consorcio, se ocupó de las representaciones de la historia sagrada, mientras que el propio artista buscó también inspiración en las prédicas del fraile biblista Ludovico Martini y del orador Damiano Loro, activos ambos en la iglesia dominica de los Santos Pedro y Pablo en Venecia. Su amigo Giovanmaria Rotta, profundo conocedor de la alquimia, le proveyó un repertorio profuso de ideas e imágenes destinadas a las *invenzioni*. Lo mismo hizo el conde Giovan Battista Suardi, literato, erudito y conocedor de las lenguas clásicas, con quien Lotto mantenía muy buenas relaciones desde el momento en que

---

56. Cit. en Bonnet, *op. cit.*, p. 185.

FIGURA 17

había pintado para él y su familia los frescos del Oratorio de Trescore. Analicemos un solo ejemplo de los pares escena-*impresa*: *El pasaje del mar Rojo* y su correspondiente *invenzione*. El acontecimiento narrado en Éxodo se concentra en el momento en el cual Moisés, portador de la vara, y Aarón, con su veste sacerdotal, han completado el paso a través del mar y éste se cierra con un gran oleaje que sumerge y ahoga a los soldados del faraón (**fig. 16**). Los israelitas observan por un lado el milagro y, por el otro, se aprestan a seguir su camino hacia la Tierra Prometida, como lo figuran las mujeres de espaldas en el primer plano y el camello cargado de bultos. La *impresa* se refiere a la locura del faraón, manifestada en su tozudez frente a los designios divinos (**fig. 17**). La serpiente enroscada y decapitada representa la victoria sobre el pecado. El casco remite al papel de Moisés como conductor de su pueblo y vencedor de la hipocresía y las falacias del rey de Egipto, sintetizadas en la máscara. Del otro lado, el capelo cardenalicio alude al sacerdocio de Aarón, quien ha destrozado el poder de la religión egipcia cuyo error de base es señalado por el cartel de los ojos bizcos. En el centro, sobre un asno, cabalga el faraón, un hombre envuelto a medias por la capa de la majestad, un fatuo que se mira en el espejo, cuya cabeza está atrapada en una jaula, símbolo de la estulticia.

Si bien el hermetismo proporcionó a la filosofía del Renacimiento ideas, argumentos, alegorías que tuvieron un papel decisivo en el platonismo de Ficino, en la síntesis religiosa de Pico della Mirandola, en el pensamiento mágico de Agrippa de Nettesheim y John Dee, o en la descripción de la sabiduría de Bovelle, es probable que no haya habido autor de los siglos XV y XVI en quien la obra de Hermes Trismegisto haya tenido mayor presencia e impacto que en Giordano Bruno. Fue Frances E. Yates la historiadora que, en la segunda mitad del siglo XX, dilucidó y expuso la centralidad que tuvo la tradición hermética en la vida intelectual y moral del Nolano, hasta el punto de considerarlo un *magus* a la manera de los antiguos, en su famoso libro *Giordano Bruno y la tradición hermética* de 1964. Bruno creía que la religión solar de los egipcios, la más antigua y la más verdadera de todas, proporcionaba a sus cultores las herramientas para desvelar los misterios de la naturaleza, de la intervención divina en la existencia humana. Los adoradores del Sol podían lograr un dominio de las fuerzas ocultas del mundo al extremo de convertirse en agentes de transformaciones no solo espirituales sino esenciales de lo real. Según su concepción, los monoteísmos hebreo y cristiano, con su prédica en la pequeñez y la miseria humana, habían ocluido el paso hacia una expansión gozosa de la creatividad y el poder humanos. La era de la luz solar había sido reemplazada por un tiempo de tinieblas, una era de triunfo y dominio del poder bestial de una religión oscura. La caída y el eclipse de la cultura egipcia habían abierto las puertas al período más nefasto de la historia:

"¡Pero ay de mí! Vendrá un tiempo en que Egipto parecerá en vano haber sido cultor religioso de la divinidad, porque la divinidad habrá migrado al cielo y dejará a Egipto desierto, y esta sede de divinidad quedará viuda de toda religión, por haber sido abandonada de la presencia de los dioses, sucedida por gente extranjera o bárbara, sin religión, piedad, ley o culto alguno. ¡O Egipto, Egipto! De tus religiones solo quedarán las fábulas, increíbles para las generaciones futuras, a las cuales solo se contarán tus gestos, no quedará más que las letras esculpidas en la piedra, que no narran a los dioses ni a los hombres (porque estos habrán muerto y la deidad habrá transmigrado al cielo), sino a escitas e indios, o a otros semejantes de naturaleza salvaje. Las tinieblas se sobrepondrán a la luz, la muerte será juzgada más útil que la vida, nadie alzará los ojos al cielo, el religioso será estimado insano, el impío será juzgado prudente, el furioso fuerte, el pésimo bueno".[57]

La nave de la verdadera religión se había hundido y era necesario recuperarla. El redescubrimiento del saber hermético y solar restablecería el ciclo de la luz y la felicidad en el mundo. Ese vuelco beneficioso de la filosofía tendría su correlato en el cambio de las constelaciones celestes y sus poderes simbólicos. Los seres humanos reasumirían su papel de auxiliares demiúrgicos una vez producida la "expulsión de la bestia triunfante", tal el título del primer libro en que Bruno expuso su teoría de la acción redentora, si no revolucionaria, fundada en la recuperación de un pensar hermético (1584). Tras nueve años de un proceso judicial extenuante al que fue sometido por la inquisición romana, Giordano Bruno murió en la hoguera el 17 de febrero de 1600.

En 1615 Isaac Casaubon, filólogo protestante francés, publicó en Inglaterra *16 ejercicios sobre las cosas sagradas y eclesiásticas*. El "Ejercicio 1" destinaba su *Apparatus XVIII* a demostrar la falsedad de la antigüedad del *Corpus Hermeticum* y, más aún, de una presunta derivación de los textos hebreos de aquellos otros atribuidos a un Mercurio, primer monarca de Egipto.[58] Casaubon fechó los diálogos del caso entre los siglos II y V d.C. Esta nueva datación y sus consecuencias fueron generalmente aceptadas en medios protestantes, al mismo tiempo que rechazadas entre los intelectuales católicos. Ya veremos, por ejemplo, la fuerte persistencia de la tradición hermética y egipcia en el jesuita Athanasius Kircher hasta bien avanzado el siglo XVII.[59]

Tras el tembladeral religioso provocado por la Reforma, la escisión violenta entre protestantes y católicos, se hizo añicos la atmósfera de una conciliación de las creencias que abarcaría desde la *prisca theologia* hasta la escolástica y el humanismo renacentista. El interés de los eruditos de la iglesia romana por el conocimiento de las religiones politeístas de los

---

57. Bruno, Giordano, *Spaccio de la bestia trionfante*, Milán, Daelli, 1843 [1584], p. 203. Bruno ha tomado este pasaje del *Asclepio*, 24a-26a. Es el famoso *Lamento* de ese diálogo hermético.

58. Casaubon, Isaac, *De rebus sacris et ecclesiasticis exercitationes XVI*, Frankfurt, Ruland, 1615, pp. 51-66.

59. Ebeling, *op.cit.*, pp. 91-93. Véase el magnífico ensayo de Anthony Grafton, "Protestant versus Prophet: Isaac Casaubon on Hermes Trismegistus", en *Journal of the Warburg and Courtauld Institutes*, Vol. 46 (1983), pp. 78-93.

pueblos de ultramar no disminuyó en absoluto; al contrario, se hizo más sistemático y enciclopédico. Sin embargo, pareciera que los propósitos de ese trabajo intelectual se hubieran invertido. El anhelo de una síntesis tendió a ser reemplazado por una distinción tajante entre la idolatría y la religión del espíritu, cuya forma más auténtica habría sido el cristianismo. En tal sentido, el florecimiento de una nueva mitología de la antigüedad y del paganismo de ultramar habría tenido por meta volver a la vieja lucha del monoteísmo contra las idolatrías. Las experiencias violentas de conversión de los pueblos americanos por parte de los europeos en los siglos XVI y XVII habrían sido una parte determinante del mismo proceso. Repasemos, por lo tanto, tres tratados católicos de mitología que influyeron poderosamente en la bibliografía religiosa de Europa y en su producción artística. Nos referimos a la *Historia de los dioses de los gentiles*, escrita por Giglio Gregorio Giraldi (1548), a las *Imágenes de los dioses de los antiguos* en la primera edición exclusivamente a cargo de Vincenzo Cartari (1556) con los *addenda* de Lorenzo Pignoria sobre los dioses de las Indias Orientales y Occidentales (1615), y a la *Mitología* de Natale Conti (1567).[60]

En el siglo V a.C., a la hora de dar cuenta de las creencias de los pueblos de Oriente y otros "bárbaros" de las estepas euroasiáticas, Heródoto aplicó sistemáticamente el principio hermenéutico de asociar los númenes extranjeros con los dioses griegos, de modo que, por ejemplo, en Egipto, Zeus era asimilado a Amón, Helios a Ra y Ptah a Hefesto; en Escitia, la reina de los dioses Tabiti se identificaba con Hestia, Argimpasa con Afrodita Urania y Papaios con Zeus. Aunque resulte sorprendente, esa operación seguía vigente entre los mitógrafos europeos del Renacimiento: Giraldi, Cartari y Conti no se apartaron de ella. En el "Syntagma VIII" de su obra, Giraldi superpuso a Baco y Osiris, a Tifón y Seth y a Diana e Isis.[61] Osiris, sobre todo, aparecía como el gran maestro de la agricultura, lo cual quedaba demostrado en el himno al dios egipcio que Giraldi transcribió por entero en la página 273 de su *Historia...* En la primera edición de las *Imágenes*, Cartari vinculaba a Anubis con Mercurio, a Isis

---

60. Giraldi, Giglio Gregorio, *De Deis Gentium Libri sive Syntagmata XVII*, Basilea, 1548; Cartari, Vincenzo, *Le imagini degli Dei delli Antichi*, Venecia, 1556; Cartari, Vincenzo, y Lorenzo Pignoria, *Le nove e vere imagini de gli Dei delli Antichi*, Padua, P. Tozzi, 1615; Conti, Natale, *Mythologiae sive Explicationum fabularum libri decem*, Venecia, 1567.

61. Giraldi, *op. cit.*, pp. 273 y 274.

con Io entre los griegos y a Osiris con Dioniso.[62] Conti, por su parte, seguía el relato de la ninfa Io y sus transformaciones, que se encuentra en el libro IX de las *Metamorfosis* de Ovidio. Io, sacerdotisa de Juno, violada y convertida en vaca por Júpiter, fue acosada por un tábano que le envió la celosa Juno. La vaca atravesó tierras y mares de Europa y Asia, llegó finalmente a Egipto, donde dio a luz a Épafo, hijo de Júpiter, junto al río Nilo. Llamada Isis en Egipto, Io desposó a Telégono, rey de los egipcios, y fue más tarde adorada como la diosa del país.[63] En la edición de Cartari de 1615, aumentada por Pignoria, se incluyeron cuatro imágenes de Isis, todas en el capítulo dedicado a Diana (**figs. 18-21**).[64] En la primera, la diosa aparece desnuda, con cabeza de halcón y con las coronas del Alto y el Bajo Egipto; se alude de este modo a su condición de madre de Horus y simbólicamente de los faraones. La segunda es la Artemisa de Éfeso, diosa de la naturaleza, cubierta de mamas desde el pecho hasta los pies.

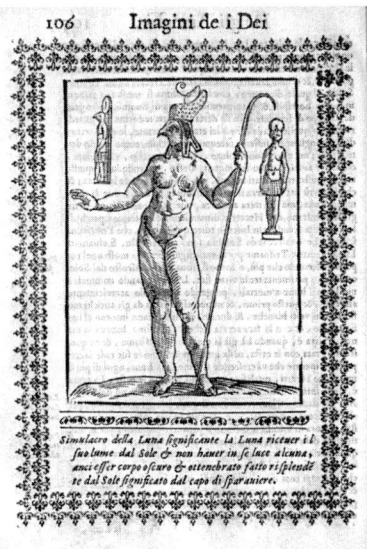

FIGURA 18

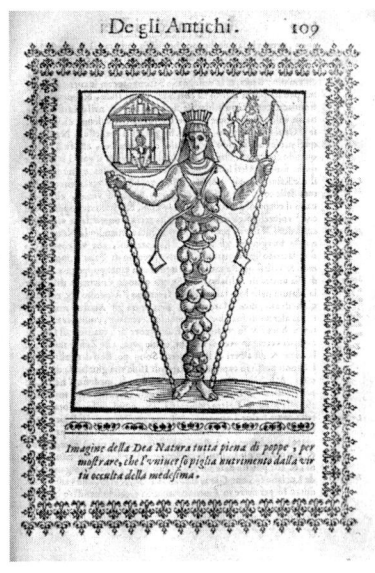

FIGURA 19

62. Cartari, *op. cit.* 1556; Anubis, p. 67; Isis, pp. 26-29; Osiris, pp. 86-88.

63. Conti, *op. cit.*, pp. 741-746.

64. Cartari, *op. cit.* 1615, pp. 106, 109, 111, 113.

FIGURA 20   FIGURA 21

La tercera presenta a Isis como la luna, con un barco en mano por ser
protectora de los navegantes. La cuarta lo hace como diosa de la luna y
del Nilo, con un sistro en la mano derecha y un cántaro en la izquierda.

Tengamos en cuenta que el jesuita Lorenzo Pignoria había publicado,
en 1605, un estudio exhaustivo sobre la *mensa isiaca*, objeto salido a la
luz en el saqueo de Roma (1527).[65] Se trataba de una tableta de bronce
con incrustaciones de esmalte y plata, realizada durante la época romana
pero fiel al estilo de representación del Egipto faraónico clásico. Su superficie está plagada de figuras de divinidades egipcias, con sus nombres
escritos en jeroglíficos, en tres registros superpuestos. El centro de la
composición está ocupado por una imagen de Isis. Perteneció al cardenal
Pietro Bembo, de allí que se la conozca también como *tabla bembina*.
Fue estudiada por Pierio Valeriano, pero ha sido precisamente Pignoria
quien le dedicó aquel libro de gran erudición y complejidad. Volvió a
repasar allí las correspondencias e identificaciones hechas por autores
clásicos entre Isis y Osiris por un lado, y las divinidades grecorromanas

---

65. Pignoria, Lorenzo, *Vetustissimae tabulae Aeneae…*, Venecia, Anto. Rampazettus, 1605.

por el otro.[66] En el fin de la lista de estas correspondencias, incluyó, para el caso de Isis, dos conceptos de la filosofía natural tardoantigua: la tierra y la naturaleza en general. El autor oscilaba entre el reconocimiento de la sabiduría egipcia (sus saberes acerca de los animales, su invención de las constelaciones) y la noción ciceroniana de la religión de Egipto como forma superior de la superstición. Al mismo tiempo, insistía en la difusión universal que tuvo el culto de Isis en toda la cuenca del Mediterráneo, por lo menos en los cuatro primeros siglos de la era cristiana.[67] Acerca de la universalidad del culto de los dioses egipcios, recordemos que en los *addenda* del mismo Pignoria al libro de las imágenes de Cartari, el Jesuita proponía con especial énfasis el origen egipcio de las religiones idolátricas tanto de las Indias Orientales (hinduísmo, budismo) cuanto de las Occidentales (la religión nahua):

"Incluso si dejamos aparte las autoridades, quiero valerme a este propósito de una conjetura nada débil, que sostiene que los pueblos de esta parte del mundo se conformaron de esta manera en la fabricación de sus ídolos a las imágenes de las deidades de Egipto. Y al igual que en Egipto, según voy discurriendo, los habitantes de estas partes adoraban el Sol, la Luna y la Milicia del Cielo, como dice la Escritura [Deut. 17.2-4], que fue la más antigua fuente de idolatría que se haya visto jamás en el mundo, de la cual se tenía memoria y no la olvidaron los sucesores, hasta el punto de que se hizo una gran mezcla que duró hasta la introducción del Evangelio".[68]

La imagen de la página siguiente hace visualmente explícito el parentesco, que Pignoria creía producto de una derivación de Egipto a América, entre Homoyoca, divinidad nahua de la imagen, y el Osiris egipcio de la cartela ovalada, ubicada en el costado izquierdo de la ilustración (**fig. 22**). La presencia de esa figura de Osiris en la guarda de la *mensa isiaca* había sido notada por el propio Pignoria en su trabajo de 1605.[69]

---

66. De Heródoto a Macrobio, Isis fue vista como Ceres, Demeter, la luna, Juno; Osiris como Dioniso, Baco, Serapis y Adonis.

67. Pignoria, *op. cit.*, 1605, pp. 2-17.

68. Cartari-Pignoria, *op. cit.*, 1615, II, p. IV.

69. Sobre Pignoria y Egipto, puede consultarse con provecho von Wyss-Giacosa, Paola, "Through the Eyes of Idolatry: Pignoria's 1615 Argument on the *Conformità* of Idols from the West and East Indies with Egyptian Gods", en G. Tarantino y P. von Wyss-Giacosa,

FIGURA 22

Pero detengámonos apenas en un autor –Nicolas Caussin, jesuita confesor de Luis XIII, autor de un célebre libro de cortesanía, *La Corte Santa*– y en su obra de 1623 acerca de la escritura egipcia, *Sobre la sabiduría simbólica de los egipcios*,[70] "ciencia antiquísima en la que fue educado Moisés entre los egipcios, antes de que la conociesen los filósofos griegos". Caussin llegó a promover el absurdo de que ese saber había seguido un derrotero inverso al de cualquier juicio histórico sensato, es decir, que habría sido formulado por Abraham durante una hipotética y larga estancia del patriarca en Heliópolis para ser sólo entonces transmitido a los egipcios. Por supuesto, el pueblo del Nilo construyó su ciencia, su teología y su arte a partir de aquellas semillas abrahámicas que produjeron una cultura frondosa y ejemplar.[71] Según el jesuita, Horapolo fue el inventor de los jeroglíficos y prestó gran atención a los animales como símbolos privilegiados. Claro que, a la hora de enumerar los sig-

---

Through Your Eyes Religious Alterity and the Early Modern Western Imagination, Leiden y Boston, Brill, 2021, pp. 103-145.

70. Nicolas Caussin, *Hieroglyphica, Symbola, Aenigmata seu Polyhistor Symbolicus et de Symbolica Aegyptiorum Sapientia*, Colonia (Alemania), Kinchium, 1654.

71. *Ibidem*, pp. F-G.

nificados posibles del significante "elefante", por ejemplo, la polisemia podía resultar abrumadora. El paquidermo representaba

"la magnanimidad, las fuerzas del cuerpo y del ánimo, la fortaleza, la vigilancia y custodia. Terrible. Dominador. Máximo calor del ingenio. El ser humano que domestica la ferocidad propia o la ajena. Furor indómito. Encuentro de un remedio contra la fiebre. Solícito ante un incendio. Temor religioso. Inundación. Clemencia. Castigo. Venganza. Augurio regio. El año y sus meses. Borrachera. Meretriz. Taciturnidad. Virtud. Fuerzas que ceden a la sabiduría y a la elocuencia. Luna. Sol. Tierra. Domador del alma, Cristo hombre-Dios. Culto de la justicia. Obsequio de los recién nacidos a los padres. Agricultura. Abandono de la ferocidad y aceptación de la mansedumbre. El orgullo del amor. Las tres partes de la oratoria. Comienzo de las cosas sagradas. [...] Rey. César. África. Oriente. Munificencia. Templanza. Equidad. Vanilocuencia evitada. Calma de la locura. Meticuloso. Estupor. Efecto de la concordia y de la discordia. Piedad. Mansedumbre."[72]

Pero el sentido al que mayor peso parece darle Caussin es el de símbolo de la Caída de los seres humanos. La razón es que la hembra del elefante suele comer mandrágora y sentir que sus deseos se encienden, por lo que ella ofrece la misma planta al macho y, al cabo de un rato, se produce la cópula necesaria para la reproducción de la especie.[73] El paralelo con la tentación de Eva y de Adán es evidente. Rembrandt habría hecho alusión a este vínculo simbólico en su conmovedor aguafuerte de 1638 sobre el pecado de Adán y Eva pues, bajo la elevación en la que los padres del género humano están por tomar el fruto prohibido del árbol sobre el cual se ha refugiado el diablo bajo la forma de un dragón, alcanza a divisarse un elefante con la trompa alzada (**fig. 23**).[74]

A partir del período que Paul Hazard llamó acertadamente tiempo de *crisis de la conciencia europea* (1680-1715),[75] la cuestión religiosa se

---

72. *Ibidem*, pp. 66-67.

73. *Ibidem*, p. 66.

74. Sobre el vínculo entre el elefante y diversas figuras bíblicas, véase Burucúa, José Emilio, y Kwiatkowski, Nicolás, *Historia natural y mítica de los elefantes*, Buenos Aires, Ampersand, 2019.

75. Hazard, Paul, *La Crise de la conscience européenne*, París, Boivin et Cie, 1935.

FIGURA 23

deslizó hacia una antropología filosófica que parece haber buscado funda-
mentos nuevos del fenómeno de la creencia y de las prácticas asociadas
a ella. La legitimidad de las tradiciones en el origen trascendente de la
Escritura lentamente dejó paso, en el Siglo de las Luces, a una validación
centrada en la moralidad y el fuero íntimo de las personas. Un hito en ese
derrotero que consumiría el trabajo de cuatro generaciones, desde Leibniz
hasta Kant, fue la enciclopedia de las *Ceremonias y costumbres religiosas
de todos los pueblos del mundo*, publicada por primera vez entre 1723 y
1743 por el editor y autor Jean-Frederic Bernard y el grabador Bernard

Picart.[76] La cultura egipcia no tuvo un lugar destacado en esa suerte de gran atlas de los credos y rituales de la humanidad. Pero Jean Charles Poncelin de la Roche Tilhac, a cargo de la segunda edición de la obra, publicada en 1783, agregó al cuarto volumen cincuenta páginas densas dedicadas a la exposición, análisis y crítica de la religión del Nilo como "cuadro de las debilidades que la superstición inspiró a los egipcios y a otros pueblos de la tierra hacia los animales".[77] En el texto de los cuatro volúmenes de 1783 no encontramos un concepto claro de superstición, aunque sí lo hallamos en un suplemento de la primera edición consagrado a las supersticiones antiguas y modernas, aparecido en dos volúmenes en 1733-1736. Si bien el cuerpo principal fue obra de Pierre Lebrun y Jean Baptiste Thiers, fue el editor Jean-Frederic Bernard quien afirmó:

"La religión se encuentra situada entre dos vicios perniciosos: la impiedad y la superstición. El primero, olvida a Dios y desprecia todo lo establecido, de manera que socava el fundamento de la religión; el segundo, la lleva demasiado lejos y sólo hace que uno venere un fantasma".[78]

El supersticioso tiende a creer y pensar que todos los actos y sucesos de su vida, por insignificantes que sean, son obra de los seres sobrenaturales a los que venera y teme: dioses, ángeles, demonios, ídolos. Los autores romanos Virgilio, Juvenal y sobre todo Luciano de Samosata apuntaron a los egipcios como los seres humanos más supersticiosos de la tierra: "Los dioses crecían con tanta facilidad en Egipto como en otros lugares lo hacían los seres humanos y los vegetales". Poncelin se preguntaba si acaso no sería posible, "con la ayuda de algunas conjeturas sabias extraídas de los monumentos de esa antigua historia, ennoblecer la fuente de tales prácticas que nos parecen hoy tan pueriles". Heródoto

---

76. Bernard, Jean Frederic, y Bernard Picart, *Cérémonies et coutumes religieuses de tous les peuples du monde*, Amsterdam, 1723-1743. Hunt, Lynn, Margaret C. Jacob y Wijnand Mijnhardt, *The Book that Changed Europe: Picart and Bernard's Religious Ceremonies of the World*, Cambridge, Mass., Harvard University Press, 2010.

77. Bernard, Jean Frederic, y Bernard Picart [Jean Charles Poncelin de la Roche Tilhac], *Cérémonies et coutumes religieuses de tous les peuples du monde*, Amsterdam, 1783, T. III, p. 33-82. La cita es el título del capítulo.

78. Le Brun, Pierre, *Superstitions anciennes et modernes: préjugés vulgaires qui ont induit les peuples à des usages et à des pratiques contraires à la religion*, Amsterdam, Jean-Frederic Bernard, 1733-6, vol. I, p. VI.

nos habría dado una buena pista cuando, por un lado, atribuyó al pueblo egipcio la idea de la inmortalidad del alma y, por el otro, la de su continua metempsicosis en seres vivos no humanos. Allí se encontraría la clave de "todas las extravagancias que el culto de los animales ocasionó en Egipto". "Era natural que esos pueblos, persuadidos de que el alma de sus padres ponía en movimiento el cuerpo de un perro o de una cigüeña, tuvieran hacia esos animales el mismo respeto que habrían tenido por los mismos padres" si hubieran conservado la forma humana.[79]

Es posible que hubiese otras causas para el culto a ciertos animales, hacia los que se tenía más veneración que a otros. ¿Por qué todos los egipcios transportaban al extranjero los animales y los vegetales de su propio país para que les sirvieran de alimento? ¿No será necesario buscar en las propiedades de su clima algunas razones que nos ayudaran a disipar ese caos? ¿Cómo fue posible que toda una nación a la que los propios antiguos atribuyeron tantos conocimientos no haya demostrado sentido común a la hora de adorar animales? "¿No podría decirse que los sacerdotes [...] cuya principal ocupación tuvo, según Homero, Heródoto y Diógenes Laercio, la medicina por objeto, estaban persuadidos de que era importante para la salud del cuerpo profundizar su temperamento, observar un régimen frugal regular y no emplear más alimentos que los análogos a su constitución?"[80] Parecería que fue ese principio la raíz de los saberes zoológicos de los egipcios, capaces de distinguir cuadrúpedos, reptiles, peces, y saber sobre todo si sus cualidades eran sanas o peligrosas. Los conocimientos adquiridos por medio de la experiencia y la observación llevaron a los sacerdotes a proponer animales como objeto de culto, para preservar las especies que mejor podrían servir de alimento. "Si analizamos de cerca los reglamentos hechos por los sacerdotes sobre el asunto, podremos convencernos de que la salud pública fue el único fin que se habían propuesto, por lo que un gran número de animales y de vegetales, que ningún motivo hubiera obligado a divinizar, ingresaron finalmente en la clase de objetos sagrados". Quizás, aquello que nos parece supersticioso podría haber sido un conjunto de reglas prácticas para una mejor preservación de la vida.

---

79. Bernard y Picart, *op. cit.*, 1783, vol. IV, pp. 33-34.

80. Bernard, Jean Frederic, y Bernard Picart [Jean Charles Poncelin de la Roche Tilhac], *op. cit.*, 1783, T. III, p. 34.

El iluminismo radical se empeñó en desmontar la maquinaria teológica del cristianismo y de la religión en general.[81] Buscó desenmascarar las imposturas tanto rituales como conceptuales que se encontraban en los dogmas inculcados por el sacerdocio y el poder eclesiástico. La religión egipcia, el papel de sus sacerdotes y sus prácticas rituales eran frecuentemente presentados como el origen y raíz del engaño del pueblo y del poder psicológico y material de la clerecía. Por ejemplo, Paul-Henri Thiry, Baron d'Holbach, publicó su *Cristianismo desenmascarado o examen de los principios y los efectos de la religión cristiana* bajo el seudónimo "fallecido señor Boulanger", en 1756.[82] Dos fueron las bases principales desde las que el autor atacó la religión cristiana: 1) el origen de la riqueza de los sacerdotes, tal como el proceso había comenzado en Egipto; 2) la coincidencia de puntos fundamentales del dogma cristiano con mitos de la religión faraónica. Sobre el primer punto, decía D'Holbach:

"Los derechos divinos de los sacerdotes o las inmunidades eclesiásticas datan de muy lejos. Isis [...] otorgó a los sacerdotes de Egipto un tercio de su reino para comprometerlos en rendir honores divinos a Osiris su esposo después de su muerte. El clero egipcio gozó por lo menos de los diezmos y fue eximido de todas las cargas públicas. Moisés, que era un egipcio y de la tribu de Levi, así como el Dios de los Judíos, no parecen ocuparse sino del cuidado de hacer subsistir a los sacerdotes mediante los sacrificios y los diezmos que se les asignan."[83]

En cuanto a los puntos dogmáticos, la lucha entre el Dios cristiano y Satanás estuvo prefigurada en la mitología egipcia por la historia de la lucha entre Osiris y Tifón (Seth). "Un diablo todopoderoso sirve para justificar a la divinidad frente a las desgracias necesarias y poco decisivas que afligen al género humano".[84] Hasta la creencia fundamental del cristianismo en la resurrección de Jesús no era sino una adaptación

---

81. Israel, Jonathan, *Radical Enlightenment: Philosophy and the Making of Modernity 1650-1750*, Oxford, Oxford University Press, 2001.

82. M. Boulanger [Paul-Henri Thiry, Baron d'Holbach], *Le Christianisme dévoilé, ou examen des principes et des effets de la religion Chrétienne*, Londres, 1756.

83. *Idem*, p. 257.

84. *Idem*, pp. 114-115.

de los mitos de la resurrección de Osiris en Egipto, de la de Adonis en
Fenicia y de la de Atys en Frigia:

"Los egipcios parecen haber sido los primeros en pretender que sus
dioses se hayan corporizado. Foé, el dios del pueblo chino, nació de
una virgen fecundada por un rayo de sol. Nadie duda en el Indostán
de las encarnaciones de Vishnú. Parece que los teólogos de todas
las naciones, desesperados por no poder elevarse hasta dios, lo
forzaron a descender hasta ellos".[85]

D'Holbach cerró su libro con una pregunta sobre las esperanzas
quiméricas nacidas en Egipto:

"¿Nunca sacudirán las naciones el yugo de esos sacerdotes altivos,
de esos tiranos sagrados que están interesados sólo en los errores
de la tierra? No, evitemos creerlo; la verdad debe triunfar al fin
por sobre la mentira; los príncipes y los pueblos, cansados de su
credulidad, recurrirán a ella; la razón romperá sus cadenas; los
hierros de la superstición se partirán ante su voz soberana, hecha
para gobernar solo ella a los seres inteligentes. *Amén*."[86]

En todo el arco de la temprana modernidad europea, del Renacimiento
italiano en el *Quattrocento* hasta la Ilustración del siglo XVIII, Egipto
y su religión fueron un punto neurálgico para la exploración del pasado
y el presente de las creencias en Occidente. Ya sea como un conjunto
de saberes y prácticas transformadoras en el marco del hermetismo, ya
como ejemplo primero y poderoso de la impostura y la superstición.

---

85. *Idem*, p. 97.
86. *Idem*, pp. 294-295.

❧ El horizonte simbólico ❧

A comienzos del siglo XV, los humanistas italianos, viajeros y buscadores de los tesoros manuscritos que contenían textos de la tradición greco-romana en las bibliotecas de los monasterios de toda Europa, hicieron hallazgos fabulosos como, por ejemplo, los de Poggio Bracciolini en 1417 en Saint-Gall y en Fulda (la *Astronomica* de Manilio, el *De architectura* de Vitruvio, el *De rerum natura* de Lucrecio). En junio de 1419, Cristoforo Buondelmonte descubrió, en la isla de Andros, un manuscrito griego que contenía la *Vida de Apolonio de Rodas* por Filóstrato, un tratado de Proclo y un extraño texto, las *Hieroglyphica* de un tal Horapolo, que se presentaba a modo de un antiguo sabio egipcio y autor de un manual de lectura de la escritura jeroglífica en los tiempos faraónicos. Filippo de Megara era señalado como traductor al griego del tratado de Horapolo en época helenística, pero lo cierto es que se trata de un escrito muy tardío que, en principio, se colocaba en los siglos IV-V de nuestra era, si bien hoy tiende a ser considerado bastante posterior, al punto de ubicarse en la época de la dinastía de los Paleólogo (1260-1453) en Bizancio.[87]

La noción básica del Horapolo es la de una escritura fundada en la asignación arbitraria de significados a formas abstraídas e inspiradas

---

87. Rolet, Stéphane, "Nouvelles hypothèses sur les *Hieroglyphica* d'Horapolon et Philippe leur traducteur grec: Le témoignage de Giorgio Valla (1447-1500)", en J.-L. Fournet, *Les Hieroglyphica d'Horapolon de l'Égypte antique à l'Europe moderne*, París, 2021, pp. 177-197; Mandosio, Jean-Marc, "De l'égyptien Horus au 'Petit Grec' Philippe: Le débat sur l'auteur des *Hieroglyphica* (XVIe-XVIIIe siècle)", en Fournet, *op. cit.*, pp. 199-223.

por la naturaleza –plantas, animales, minerales–, las partes del cuerpo humano, las configuraciones de los astros y las estrellas, los atributos de los dioses y sus mitos. Hay que tener en cuenta que, en los siglos del Renacimiento cuando se asistió a una vuelta a la vida del platonismo, la visión de tales símbolos, los jeroglíficos, equivalía a contemplar directamente las ideas sin la intermediación forzosa de las palabras, con lo cual esa escritura alcanzaba el *status* de sistema universal legible en todas las lenguas. Desde ya que el proceso requería la revelación de muchas de las asociaciones significante-significado para consolidar y facilitar el desciframiento.[88] Aldo Manuzio realizó la primera edición de Horapolo en un mismo volumen con las *Fábulas* de Esopo. Pero los manuscritos de los *Hieroglyphica* ya se habían multiplicado y su texto era muy frecuentado en toda Europa, no sólo en Italia. La idea de una escritura icónico-simbólica se había expandido.

    Leone Battista Alberti parece haberse inspirado en aquel escrito a la hora de diseñar su propio emblema, colocado en el ángulo inferior izquierdo de una placa de bronce que él mismo fundió y cinceló con su *Autorretrato* en 1438 (Washington, National Gallery, **fig. 24**). Se trata de

un ojo alado que, entre 1446 y 1450, el famoso medallista Matteo de'Pasti repitió, con una inscripción latina *Quid tum* por debajo, en la ceca de una pieza de bronce con el perfil de Alberti en la cara (Londres, British Museum, **fig. 25**). Las lecturas de este jeroglífico han sido numerosas. Lo cierto es que, ya en el manuscrito de 1419, aparecen referencias al ojo del halcón y su poder visual, a la penetración de su mirada que hace del ave un símbolo y jeroglífico de dios.[89] Por lo que el ojo alado no sería sino el ojo

FIGURA 24

88. *The Hieroglyphics of Horapolo*. Traducción e introducción: Franz Boas. Prólogo: Anthony Grafton. Nueva York, Princeton University Press, 1993, pp. 6-9.

89. *The Hieroglyphics… op.cit.*, pp. 45-46.

FIGURA 25

divino que planea sobre el mundo y lo ve todo, representación que sólo se mostró en la primera edición ilustrada de Horapolo, realizada en París por Jacques Herver en 1543 (**fig. 26**).[90] De manera que el emblema albertiano habría sido la primera imagen del jeroglífico, con la particularidad de que se la vió acompañada de la expresión escrita *Quid tum*, "¿Entonces qué?". El interrogante podría haber transformado el rebus en un símbolo individualizante de Alberti, al aludir a un saber casi total del personaje, ya alcanzado en este mundo, y precipitar la pregunta sobre qué más agregaría a sus conocimientos el desvelamiento de misterios que se suponía, en términos platónicos, el alma alcanzaría después de la muerte.[91]

FIGURA 26

90. Cassani, Alberto Giorgio, "Quid tum?". Presentazione del volume *L'occhio alato. Migrazioni di un simbolo*, *Engramma*, n. 116, mayo 2014, pp. 66-86.

91. Leite Brandão, Carlos Antônio, *Quid tum?: o combate da arte em Leon Battista Alberti*, Belo Horizonte, UFMG, 2000. Wind, Edgar, *Los misterios paganos del Renacimiento*, Barcelona, Barral, 1972, pp. 231-235.

FIGURA 27

La pintura del *Quattrocento* tardío tuvo su momento egipcio nada menos que en los murales (frescos y *a secco*) pintados por Bernardino Pinturicchio, entre 1492 y 1494, para el papa Alejandro VI Borgia en los *Appartamenti* vaticanos reservados a ese pontífice y su familia (**fig. 27**). Fritz Saxl escribió el análisis más detallado y original sobre esa decoración en un artículo de 1945.[92] Se trata de un ciclo destinado a ensalzar al papa, a quien se vinculó con las alegorías de las artes liberales, las personas de los profetas y las Sibilas, los gozos de la Virgen y los siete santos de los primeros tiempos de la Iglesia. Pero el pináculo de esa apología fue alcanzado en las pinturas de las bóvedas de crucería que cubren la sala de los Santos, pues allí se despliega una sucesión de escenas que no sólo exhiben un emblema heráldico o jeroglífico de la familia papal sino que pueden ser vistas como jeroglíficos complejos a la manera de Horapolo. Es más, los temas mostrados en los medallones del techo se refieren al mito de Isis según Ovidio, corolario de las desventuras de Io, la amante de Júpiter, pues los escarceos amorosos entre el padre de los dioses y la ninfa más la muerte de Argos por parte de Mercurio culminan en un retrato de Io ya convertida en Isis, sentada en el trono de reina de Egipto, asistida por Moisés y en el acto de enseñar el arte de la escritura jeroglífica a un egipcio. Eso no es todo. Los paños de las bóvedas son el soporte de los frescos que ilustran, paso a paso, el mito de Osiris e Isis: el dios que enseña a los egipcios el uso del arado, la recolección de frutos y el cultivo de la vid; las bodas de Osiris e Io-Isis; el asesinato de Osiris; la erección de una pirámide funeraria por obra de Isis; la aparición majestuosa del buey Apis como re-encarnación de Osiris y la procesión de Apis. Saxl ha mostrado que el buey o toro, según otras lecturas, era el animal heráldico de los Borgia por excelencia, de manera que la asimilación simbólica de Alejandro VI con Apis fue un vínculo muy fácil de establecer. La secuencia Alejandro VI-Apis-Osiris, monarca civilizador y divinizado, implicaba un itinerario virtuoso gracias al cual el papa reforzaba iconográficamente su papel de gobernante del territorio pontificio y de la Iglesia universal.

Pierio Valeriano, humanista véneto de la primera mitad del siglo XVI, se propuso escribir una suerte de continuación erudita y enciclopédica

---

92. Saxl, Fritz, "El Apartamento Borgia", en Fritz Saxl, *La vida de las imágenes. Estudios iconográficos sobre el arte occidental*, Madrid, Alianza, 1989, pp. 160-172.

de la obra de Horapolo, ilustrada y editada por primera vez en Basilea en 1556 con el título de *Hieroglyphica o comentarios sobre las sagradas letras de los egipcios*.[93] El texto parte de la simbología profusa, ligada al león, sus cualidades físicas y morales: fuerza, vigilancia y custodia, inspiración del terror, capacidad de dominio, temor religioso, clemencia. Continúan los significados asignados a los elefantes y los rinocerontes, sus antagonistas, luego los toros y bóvidos, más tarde, los caballos, los perros entre los cuadrúpedos, las aves, los insectos, los peces y moluscos, los reptiles y así siguiendo en el reino animal. Valeriano explora después los símbolos asociados a las partes del cuerpo humano, a los alfabetos y la propia escritura jeroglífica en una suerte de meta-simbología, a los elementos de la naturaleza, los instrumentos musicales, las herramientas de labranza y ganadería, las piedras y otros materiales de la arquitectura, los estandartes y las armas, los árboles (por fin), las flores, las sementeras. Un índice de los jeroglíficos cierra la obra.

Podemos dar paso ahora a uno de los intentos más ricos y trabajosos de descifrar la escritura jeroglífica en términos simbólicos. Por supuesto que no condujo a resultado alguno en ese sentido, pero dio lugar a una recuperación de la filología según la había concebido Lorenzo Valla, que articulaba la lingüística con el estudio de los fenómenos religiosos y culturales de los pueblos inventores, en este caso, de las escrituras jeroglíficas. Ocurrió en la Roma de mediados del siglo XVII. En 1648, el papa Inocencio X, miembro de la antigua familia romana de los Doria-Pamphili, resolvió recoger los trozos de un obelisco egipcio encontrado en las ruinas del hipódromo de Caracalla, y colocarlos en la Piazza Navona, que había sido en la antigüedad el circo de Domiciano. Justamente este emperador había hecho trasladar el mentado obelisco de Egipto a Roma a fines del siglo I d.C. El pontífice encargó a Gianlorenzo Bernini el arreglo arquitectónico y escultórico que serviría de base para el monumento egipcio, llamado *Obelisco Panfilio* a partir de ese momento. Bernini erigió con tal propósito la fuente magnífica de los Cuatro Ríos.

Entre tanto el padre Kircher, profesor de matemática, física y lenguas orientales en el Colegio Romano, quien había estudiado durante más de veinte años la cultura egipcia merced a sus conocimientos vastísimos del hebreo, el arameo, el árabe y el copto, copió las inscripciones

---

93. Hemos manejado la edición lionesa de Paul Frelon, realizada en 1602.

jeroglíficas que cubrían las caras del monolito reconstruido e intentó su desciframiento. El resultado de esos ensayos fue impreso en un infolio suntuoso, dedicado al papa Inocencio en el año del jubileo de 1650.[94] El jesuita partió de la base de que habían existido tres géneros de escritura en el Egipto antiguo, una de carácter fonético apta para los asuntos de la vida cotidiana, la segunda, reservada a los sacerdotes cuando querían referirse a las cosas sagradas, y la tercera, simbólica, destinada a inscribir la teología y los arcanos de la religión en los muros de los monumentos. Kircher seguía a Clemente Alejandrino en este aspecto y citaba la síntesis que el doctor de la Iglesia había hecho del tema: tres fueron aquellos sistemas de escritura, "el que habla por imitación, el que lo hace por tropos y el que lo hace alegóricamente por medio de enigmas".[95] En el caso del *Panfilio*, se trataba, evidentemente, de descubrir y aplicar el tercer sistema. Cualquier pasaje de las correspondencias entre los dibujos jeroglíficos de las caras del obelisco y el texto que nuestro polígrafo derivó de ellos revela el procedimiento de la traducción simbólica. Por ejemplo, las figuras de la cara oriental de la pirámide superior del objeto dieron lugar a la siguiente "lectura" (*lectio*, decía el autor) del primer hierograma sobre el mundo superior de los arquetipos:

"A Hemphta, Mente primera motor de todas las cosas, Mente segunda, artesano y espíritu formador del todo, trino, eterno, conocedor del principio y del fin, origen de los dioses fecundos, que es el Numen que confiere el primero, a partir de su Mónada solitaria, centro o ápice, su bondad a la amplitud difusa de la pirámide mundana [...]".[96]

Las objeciones que esta empresa de traducción suscitó empujaron a nuestro Athanasius a volcar todo su saber acumulado alrededor de las antigüedades del país de los faraones en una obra monumental: los cuatro tomos del *Oedipus Aegyptiacus,* editados en Roma entre 1652 y 1654.[97] Así sucede que, en los "Propíleos Agonísticos" de la obra, el autor

94. Ebeling, *op.cit.*, pp. 96-97. Kircher, Athanasius, *Obeliscus Pamphilius, hoc est interpretatio nova et hucusque intentata Obelisci Hieroglyphici*, Roma, Ludovico Grignani, 1650.

95. *Ibidem*, pp. 123-124.

96. *Ibidem*, p. 435.

97. Kircher, Athanasius (S.J.), *Oedipus Aegyptiacus. Hoc est Universalis Hieroglyphicae Veterum Doctrinae temporum iniuria abolitae Instauratio. Opus ex omni Orientalium doctrina et sapientia conditum, nec non viginti diversarum linguarum authoritate stabilitum*, Tomo I, Roma, Vitalis Mascardi, 1652. Destacamos el abordaje de esta obra

desarrolló sus respuestas a las objeciones presentadas contra la intención misma del desciframiento de la escritura jeroglífica, sea por su complejidad excesiva y su inutilidad práctica, sea por la inexistencia presunta de textos en lenguas antiguas conocidas (todas las que Kircher dominaba) donde hubiera indicaciones sobre cómo leer y traducir aquella escritura. En este punto de los mismos "Propíleos", Kircher desveló el propósito último y el método del *Oedipus*. En su primera parte, el *Templum Isiacum*, se trataba de buscar los paralelos entre las "supersticiones" de hebreos, griegos, caldeos, persas e indios, para demostrar que todas ellas tenían un origen egipcio. Los jeroglíficos debían de considerarse, en consecuencia, símbolos congruentes de tales creencias, rituales y ceremonias. La cábala proporcionaba, en ese sentido, un campo privilegiado de exploración, por cuanto el conocimiento secreto de los hebreos en torno a Dios, los ángeles y los demonios había funcionado como una suerte de repositorio del saber egipcio. Más aún, la sabiduría de la cábala, según Athanasius, era "casi la misma que la de los egipcios" y, por consiguiente, proveía una de las mejores claves para descifrar los jeroglíficos. Adviértase que el jesuita estableció un principio fundamental de la filología arqueológica: lengua, escritura, religión, ideas formaban un *continuum* de elementos culturales entre los cuales podía oscilar el investigador con el fin de aplicar contenidos lingüísticos a la explicación de las creencias o, viceversa, partir de los nombres y los cultos de las divinidades para definir mejor el campo semántico de una palabra corriente. Es decir, el conocimiento histórico de una civilización alimentaba y sostenía la gramática de su lengua, al mismo tiempo que el dominio más cabal de la traducción de esa lengua a las de uso común en el medio intelectual moderno (el latín y, ya en la segunda mitad del siglo XVII, las lenguas vulgares europeas) instalaba la posibilidad de llenar los vacíos que hubiera en el cuadro general de las descripciones históricas de la vida en el pasado.

El frontispicio grabado del *Templum Isiacum* es una alegoría perfecta de la nueva filología histórica que se afirmaba en la obra egipcia de Kircher.

---

propuesto por Stolzenberg, Daniel, *Egyptian Oedipus. Athanasius Kircher and the Secrets of Antiquity*, Chicago, The University of Chicago Press, 2013, pp. 6, 21-29. Stolzenberg presenta el *Oedipus* como el producto de una convergencia erudita entre el anticuariado relativo a los estudios orientales y la continuación de la filosofía oculta del Renacimiento en el período de la cultura barroca.

FIGURA 28

En la lámina (**fig. 28**), el Edipo mítico aparece erguido mientras interpela a la esfinge, representada a la manera egipcia; el paisaje del fondo no remite a la Tebas griega sino a la ciudad egipcia, con sus obeliscos y pirámides. Lo notable de esta escena es que Edipo no está librado a su ingenio sino que es asistido por el conocimiento racional (la mujer alada a la derecha), por el conocimiento sensible y la experiencia (la mujer alada de la izquierda). Ambas damas sostienen un libro con una lista de las "autoridades" o fuentes de cuyas páginas penden los nueve sellos de los saberes que han de ponerse en juego en el texto. Edipo podrá echar mano de la erudición y de todas las ciencias ocultas exhibidas en la serie de esos pequeños objetos, que comienzan por la sabiduría egipcia y terminan en la alquimia de los árabes y la filología latina.

La segunda parte del *Oedipus*, los *Phrontisterii Aegyptiaci*, consistía en una enciclopedia de la cultura y del saber egipcios, ordenados por temas (la simbólica o emblemática, la filología o gramática, las artes o ciencias del *quadrivium* más la arquitectura y la mecánica, la medicina, la alquimia jeroglífica, la magia jeroglífica y la filosofía oculta, la teología y la ciencia de los ángeles y demonios). Se los comparaba con la mística de Zoroastro, Orfeo, Hermes Trismegisto, Pitágoras ("Esfinge Mistagoga", se denomina esa parte del *Oedipus*), con la cábala hebrea, la cábala de los árabes y turcos y, por fin, con la cosmología o sistemas de los cuatro mundos: el mundo del arquetipo divino, el mundo angélico, el sidéreo o astral y el elemental que concierne sobre todo al espacio sublunar de fuego, aire, agua y tierra. La tercera parte de la obra estaba destinada a mostrar el desciframiento de los jeroglíficos conocidos en los monumentos egipcios supérstites y desparramados a través de Europa.

Kircher introdujo un nuevo artificio histórico, por no decir dislate, con el fin de subrayar la unicidad de la tradición mediterránea, asociada a la figura de Hermes Trismegisto, *i.e.*: a Misraimo sucedió Mercurio o Fauno, hijo de Júpiter Pico, rey de Italia y descendiente de Cam. Mercurio descubrió el oro en Occidente y, debido a la envidia de sus parientes, hubo de emigrar a Egipto donde se lo coronó rey. Fue Mercurio el fundador de las instituciones principales de esa monarquía, de la doctrina y de la escritura jeroglíficas, el primer individuo que comprendió la necesidad de la religión para la conservación del estado ("república", dice Kircher).[98] El vínculo estrecho de la política con la religión se manifestaba, según Athanasius, en la correspondencia que parecía posible establecer entre la cosmología común a los credos del Mediterráneo, es decir, el orden cuatripartito del mundo al que ya nos referimos, y las tres formas puras del gobierno: el arquetipo divino inspiraba la monarquía, los mundos angélico y sidéreo, la aristocracia, el mundo elemental o sensible, la democracia.[99] Ahora bien, una herramienta básica del dominio político en manos del rey y de los sacerdotes-sabios de Egipto fue la doctrina jeroglífica.

"Es sabido que esa doctrina no fue tan significativa en cuanto a las cosas sublimes y más altas acerca de Dios, los ángeles y la disposición del mundo que en cuanto doctrina apotelesmática, esto es,

98. *Oedipus I*, pp. 118-125, 131.
99. *Ibidem*, pp. 131-138.

capaz de tener efectos admirables para la atracción de los Genios;
pues no se creía que ello pudiera lograrse mediante un ejemplar
y prototipo tomados de la naturaleza o de los mundos ideales,
fabricados como esculturas con gran ingenio, ya que los Númenes
y Genios representados por símbolos similares, apropiados y congruentes con su naturaleza, sensibles a los sacrificios y formas
sagradas de expiación, no bastaban para defender el reino frente a
sus provocadores ni a las potencias adversarias."[100]

El pasaje nos revela la razón del secreto que rodeaba el saber y la
práctica de la escritura jeroglífica pues, si se hubieran conocido los nombres de tales Genios, los pueblos vecinos habrían tenido las herramientas
para contrarrestar la ayuda que los númenes prestaban a los egipcios. Al
mismo tiempo, los mitos divinos, especialmente el de Osiris, Isis, Horus
y Tifón (Seth), debían ser considerados las expresiones jeroglíficas de
la filosofía moral.[101] El conjunto de imágenes-caracteres asignados a la
escritura del mito osiriano resultaba muy claro: el cocodrilo representaba
la tiranía de Tifón; el buen rey disponía de dos símbolos, el elefante por
ser animal instruido, de gran fuerza y destreza de ingenio, el carnero ágil,
que huye de la estupidez y de la ignorancia. El áspid, el león y el perro
servían para aludir a las virtudes del monarca; el ibis en medio de las
serpientes era un bello emblema de la unión política. Las ranas serifias
(un género de ranas mudas) y la figura de Harpócrates simbolizaban el
silencio que había de acompañar al gobierno del estado.[102] La mitología
y las formas de su transmisión escrita demostraban, una vez más, hasta
qué punto la religión se exhibía, ya para los egipcios, como el fundamento del reino justo, opuesto al poder de los tiranos.[103] Así entendida,
la política garantizaba el goce de

"frutos espléndidos, para que sepamos gobernarnos y conocernos,
llevados por el ascenso de la mente de la sombra hacia la luz, para
que pensemos en lo malo que va unido al bien caduco y en lo malo
junto a lo bueno, toda vez que observemos el círculo múltiple de
la vicisitud humana. Amamos esas cosas al mismo tiempo que

100. *Ibidem*, p. 141.
101. *Ibidem*, pp. 125-133 y 144-146.
102. *Ibidem*, pp. 157-160.
103. *Ibidem*, pp. 160-161.

debiéramos odiarlas; las odiamos cuando debiéramos amarlas, alegres en las adversidades, ansiosos en los acontecimientos felices, siempre atravesados por una esperanza ciega, un miedo inmenso o alguna ambición, como si nos enfureciéramos frente al derrumbe de nuestras barreras".[104]

Vale decir que la buena política aseguraba el control de las reacciones más contradictorias, destructivas e incomprensibles de los hombres, su disconformidad perenne, su tendencia irreprimible a la anarquía. La lección de la política jeroglífica que Kircher traducía no se hallaba demasiado lejos del *Leviatán* de Hobbes, publicado por primera vez en 1651, un año antes del tomo primero del *Oedipus*.

La parte final del *Templum Isiacum* presentó la operación etnológica más audaz de nuestro polígrafo quien, sobre la base de las informaciones de las cartas anuas de sus colegas, archivadas en la casa de la Compañía en Roma, decidió indagar ceremonias, ritos y supersticiones de los pueblos "nuevos", de las naciones de América, África y el Lejano Oriente, que las navegaciones de los europeos habían permitido conocer desde finales del siglo XV. Kircher estaba convencido de que esas creencias y prácticas religiosas reflejaban "como en un espejo" las antiguas estudiadas hasta entonces. La investigación en esos horizontes, por las similitudes con el caso egipcio, arrojaría no poca luz sobre el proyecto de desciframiento de los jeroglíficos.[105] El examen de las idolatrías de los chinos, los japoneses, los tártaros, los indios y los africanos, más el de sus paralelos con la religión egipcia, encontraba quizás una buena justificación de los parecidos extraordinarios entre mitologías en la posibilidad de una dispersión de los dioses y cultos de Egipto por todos los caminos del Viejo Mundo.[106] Claro que, al entrar en el tema de las religiones de los pueblos americanos, Athanasius se veía obligado a expresar su gran asombro ante las similitudes que iba encontrando respecto de la cultura egipcia, dada la interposición del océano entre los mundos viejo y nuevo.[107] En la narración de los mitos del origen del hombre, del origen del mar y de la naturaleza de los seres sobrenaturales entre los habitantes de la

---

104. *Ibidem*, p. 163.
105. *Ibidem,* pp. 397-398.
106. *Ibidem*, pp. 398-417.
107. *Ibidem*, p. 417.

Española, asomaban semejanzas pasmosas, por ejemplo, de los hijos de las hormigas en las Antillas con los mirmidones griegos, de los *cemíes* en las islas del mar Caribe con las divinidades antiguas de las fuentes y las selvas (dríades, sátiros, panes o nereidas),[108] de las curas inducidas por los *boitii*, sacerdotes de los *cemíes*, con los ritos píticos, los furores apolíneos y los éxtasis de los hieromantes egipcios, de los magos persas, de los gimnosofitas en la India.[109] Hernán Cortés había descripto los misterios y sacrificios de los mexicanos en términos casi iguales a los de sus correspondientes egipcios: ambos pueblos habían erigido templos en forma de pirámides y adorado al sol, la luna, las estrellas, los portentos celestes, el falo, los leones y otros animales feroces.[110] Kircher culminó su trabajo con el análisis de la imagen de un ídolo mexicano, tomada del *Codex Vaticanus b 3773*. La figura de ese híbrido de varios animales y de hombre, rodeado por jeroglíficos, símbolos y números místicos, revelaba las afinidades entre la religión egipcia y las religiones americanas.[111]

Sin embargo, subsistía el problema de cómo explicar tales convergencias. Kircher abandonó en esta circunstancia el difusionismo y prefirió echar mano, si es que no inauguró su uso, del criterio de la creación simultánea. Claro que, para él, no estaba en juego ninguna respuesta racional común ante desafíos semejantes a uno y a otro lado de los océanos, sino que era la existencia de un mismo maestro, el Diablo, por detrás de todas las idolatrías, la causa de las semejanzas. Extraña conclusión que hacía del demonio el aliado del etnógrafo al otorgar, mediante su presencia en el asunto, validez al uso comparativo de las ceremonias, ritos y creencias de las diversas civilizaciones del mundo a la hora de intentar el desciframiento de la escritura jeroglífica.[112]

El siglo de la Ilustración prestó, en principio, poca atención a los malabares de la erudición barroca y, llevado por el predominio filosófico y espiritual del deísmo y de la crítica de las supersticiones, tendió a buscar el núcleo de una religión universal en la física de los cielos, armónicamente gobernada por las leyes astronómicas que habían explorado y enunciado

---

108. Sobre los *cemíes*, véase Gruzinski, Serge, *La guerra de las imágenes. De Cristóbal Colón a "Blade Runner" (1492-2019)*, México, FCE, 1994, pp. 20-23.

109. *Oedipus I*, pp. 418-420.

110. *Ibidem*, pp. 421-423.

111. *Ibidem*, pp. 423-424.

112. *Ibidem*.

Galileo y Newton entre otros científicos. En el campo de la moral y la acción humana también se señaló un centro de alcance global en la vigencia de los derechos naturales, proclamados por las revoluciones norteamericana (Virginia, 12 de junio de 1776) y francesa (Versalles, 26 de agosto de 1789) como derechos universales de los seres humanos. Si bien la religión universal se inclinaba a plantearse como la admisión de un Ser Supremo algo abstracto, una suerte de espíritu solamente concebible y no representable más que por una luz extendida a todo el universo, también se colocaba la fuerza bienhechora de la divinidad en los astros y particularmente en el sol, adorado por todos los pueblos de la Tierra de una u otra manera. La precedencia de Egipto no tardó en despuntar en ese horizonte, estimulada además por la difusión de la masonería entre las élites europeas y americanas en la inflexión del siglo XVIII al XIX.

Una de las obras de mayor éxito editorial sobre el tema, al principio en Francia y luego en el resto de Europa, fue la serie de tres volúmenes in-4° escritos por Charles-François Dupuis y reunidos bajo el título de *Origen de todos los cultos o religión universal*, publicados por primera vez en 1794.[113] Desde el comienzo de ese largo texto, el autor distinguía las creencias y sistemas según la esencia naturalista de la fuerza creadora (las primeras religiones en aparecer en la historia) o bien según la esencia espiritualista del primer principio, una inteligencia por fuera de la naturaleza, inventada más tarde por los metafísicos.[114] La admiración y la reverencia ante el poder de la naturaleza se hallaba entonces en el punto de partida de todos los cultos del pasado y de sus sucesores del presente. Dupuis situaba a los egipcios y a los "fenicios" (esta era la denominación general de los pueblos de Siria, la Arabia anterior a Mahoma, la Fenicia propiamente dicha y los propios hebreos antes de Abraham, es decir, antes del patriarca que los había conducido al monoteísmo espiritual), los ubicaba en el punto de partida de la mayor parte de las religiones conocidas. El judaísmo y sus sucesores, el cristianismo y el islam, habían combatido y vencido finalmente la religión de la naturaleza.

"Fue contra aquel culto, tan natural para los hombres, que los espiritualistas y los pretendidos inspirados de la secta judía, alza-

---

113. Hemos consultado la siguiente edición: Dupuis, Charles-François, *Origine de tous les cultes ou Religion Universelle*, París, Émile Babeuf, 1822.
114. *Ibidem*, p. 5.

ban continuamente la voz y se esforzaban por contener dentro del espiritualismo a sus discípulos siempre dispuestos a escapárseles."[115]

Pequeño había sido al comienzo el número de aquellos clarividentes, quienes adivinaban lo que ni ellos ni otros habían visto jamás ni nunca verían. Largo tiempo, en cambio, el resto de la humanidad había desconocido otra causa universal que no fuese la naturaleza o alguna de sus partes más impresionantes, es decir que el universo, para ellos, encerraba en sí mismo, "primitivamente y por esencia", el principio de vida, movimiento y armonía que lo caracteriza. De allí que los objetos de su adoración fuesen el sol, la luna, algunas estrellas y el río Nilo, venerado por la regularidad de sus inundaciones y su don de fertilizar la tierra. Una vez más, Egipto había sido la civilización madre de la humanidad:

"[...] los viajes de los Fenicios por todas las islas y costas del mundo conocido, la elevada reputación de ciencia y sabiduría de los Egipcios, unida a sus antiguas conquistas, todo ello nos conduce a creer que esos pueblos, más que cualesquiera otros, influyeron sobre la opinión religiosa del resto del universo."[116]

---

115. *Ibidem*, p. 7.
116. *Ibidem*, p. 27.

⇥ El relato histórico: la tradición humanista ⇤

Existen algunos riesgos en la separación analítica entre una apreciación histórica del pasado egipcio y los acercamientos provenientes de relatos de viaje, de interpretaciones vinculadas con la religión o de aquellas preocupadas con el mundo simbólico. El primero de ellos es el del anacronismo. En efecto, durante la época contemporánea se profesionalizó un campo del saber sobre el pasado, con relativa autonomía respecto de otras disciplinas, que aspiraba a elaborar una narración veraz a partir de un conjunto de evidencias supervivientes de ese pasado y mediante una serie de operaciones reguladas por un método compartido. Sin embargo, tal cual demostró Arnaldo Momigliano, aunque había también un campo denominado "historia" en tiempos antiguos, varios aspectos de la historiografía moderna se vinculan más con el anticuariado de la modernidad temprana que con la "historia" de esa misma época.[117] Además, en tiempos posmodernos, la relación entre historiografía y veracidad recibió fuertes cuestionamientos (que en principio rechazamos).[118] Esto significa que identificar una aproximación "histórica" al pasado egipcio entre el Renacimiento y la Ilustración podría, inadvertidamente, proyectar sobre aquella época una concepción disciplinar posterior, inexistente entonces,

117. Momigliano, Arnaldo, "Ancient History and the Antiquarian", *Journal of the Warburg and Courtauld Institutes*, Volume 13, Number 3-4, 1950, pp. 285-315; véase también Miller, Peter N. (ed.), *Momigliano and Antiquarianism: Foundations of the Modern Cultural Sciences*, Toronto, University of Toronto Press, 2007.

118. Para una síntesis de la impugnación y una posible respuesta, véase Ginzburg, Carlo, *History, Rhetoric, and Proof*, Hanover y Londres, University Press of New England, 1999.

impugnada más tarde. Por otra parte, aunque no del todo desvinculado de lo anterior, hemos abordado en secciones previas algunas visiones del mundo egipcio antiguo que tienen bastante en común con lo que aquí entendemos como "relato histórico" e incluiremos en esta sección otras que tal vez se distancien un poco de ello. Creemos que, pese a estos peligros, tiene sentido intentarlo, en tanto parece posible reconstruir una cadena no arbitraria de relaciones en este campo.

Encontramos una primera expresión de estos desafíos en las indagaciones de Giovanni Nanni (1432-1502), un dominico más conocido como Annio da Viterbo. Algunos "hallazgos" de Annio, que en realidad no eran más que invenciones, sirvieron como base para la elaboración del programa iconográfico del ciclo decorativo pintado por Pinturicchio para el papa Alejandro VI Borgia, cuya genealogía nuestro autor remontaba hasta Osiris.[119] Estas elucubraciones, combinadas con la invención de jeroglíficos y presuntas evidencias arqueológicas, se integraron en su obra mayor, las *Antiquitates,* publicada por primera vez en Roma en 1498, traducida y reeditada varias veces en el siglo posterior.[120] Entre sus iniciativas, Annio aspiraba a establecer que Viterbo había sido la cuna de la civilización. Existían antecedentes previos que vinculaban la ciudad con Hércules, pero nuestro personaje argumentó, entre 1488 y 1492, haber hallado evidencias de que el fundador había sido nada menos que Comerus, nieto de Noé, quien habría llegado a Italia en el año 108 después del diluvio. De acuerdo con el relato, los habitantes del lugar se habrían visto sometidos por una raza de gigantes malvados hasta el año 549 tras el diluvio, cuando el rey Osiris, también llamado Apis, los liberó y restableció el orden creado por Noé, de quien descendía por vía de Cham. Osiris volvió entonces a Egipto, pero fue derrocado y asesinado por su hermano Tifón, quien se había aliado con los gigantes.

---

119. Un eco de los esfuerzos de Annio pueda quizás encontrarse en los intentos por hallar las raíces míticas osirianas de la Casa de Austria, en tiempos de Felipe II. Así lo ha demostrado Neus Elisabeth Garcia i Marrasé, en su tesis de doctorado defendida en la Universidad de Barcelona, en el año 2019 (especialmente el capítulo IV, pp. 215-258): *La huella de Osiris en tiempos de Felipe II. La recepción del mito egipcio en la Monarquía hispánica de la segunda mitad del siglo XVI,* disponible online en http://hdl.handle.net/10803/666873, consultada el 12 de mayo de 2025. El detallado estudio de la doctora Garcia i Marrasé recorre también el horizonte erudito, así como la recepción de los jeroglíficos y momias en el mismo contexto.

120. *Commentaria Fratri Joannis Anni Viterbiensis super opera diversorum auctorum de Antiquitatibus Loquentium,* Roma, per Eucharium Silber, 1498.

Fue entonces que Hércules y su madre Isis se enfrentaron con Tifón y los gigantes, a quienes vencieron.[121]

De acuerdo con Eric Cochrane, una parte de las fabricaciones de Annio provenía de la leyenda áurea, de Jacopo da Voragine.[122] Para dar credibilidad a su relato, introducía una serie de fuentes inventadas, combinadas con otras que se consideran auténticas: Macrobio, Plinio el Viejo y Diodoro Sículo, en la traducción latina de Poggio Bracciolini, impresa en 1472 (hasta donde se sabe, el autor de las *Antigüedades* no manejaba el griego con fluidez). Pero una de las características que singulariza el relato de Annio es la inclusión de falsas pruebas arqueológicas, bajo la forma de inscripciones. Algunas de ellas habrían sido encargadas o fabricadas por él mismo a inicios de la década de 1490. En particular, Annio se refiere a la "última tabla hercúlea de Osiris", cuyas imágenes "son las letras sagradas de los egipcios, que Plinio describe en el libro 35, cap. 8 [en realidad, 36.14]". Según los especialistas, se trata de un objeto compuesto por dos piezas, probablemente del siglo XII o del siglo XIII, aunque algunas porciones puedan haber sido agregadas en el siglo XV.[123] Annio procede a una interpretación de la escritura jeroglífica:

"Estas imágenes son propias de Osiris, como afirma Jenofonte. Tanto él como Macrobio, en el primer libro de las Saturnales, lo confirman, y afirman que para expresar a Osiris en las letras sagradas tallaron un cetro, y [también] lo representaron con la imagen de un ojo. Y con este signo mostraron a Osiris. Además, colocaron en este tronco de árbol no uno sino muchos cetros, porque él gobernaba no sólo una, sino todas las partes del mundo, como escribe Diodoro. Por tanto, estas [...] efigies se leen de esta manera: 'Soy Osiris el rey,

---

121. Weiss, Roberto, *The Renaissance Discovery of Classical Antiquity*, Oxford, Basil Blackwell, 1969, pp. 125 y 126; Curran, Brian, *The Egyptian Renaissance. The Afterlife of Ancient Egypt in Early Modern Italy*, Chicago y Londres, University of Chicago Press, 2007, cap. 6. Véase también Grafton, Anthony, "Invention of Traditions and Traditions of Invention in Renaissance Europe: The Strange Case of Annius of Viterbo", en Grafton, *Defenders of the Text. The Traditions of Scholarship in an Age of Science, 1450-1800*, Cambridge MA, Harvard University Press, 1994, pp. 76-103.

122. Cochrane, Eric, *Historians and Historiography in the Italian Renaissance*, Chicago, University of Chicago Press, 1981, pp. 61-62.

123. Weiss, Roberto, "An unknown epigraphic tract by Annius of Viterbo", en *Italian studies presented to E. R. Vincent*, eds. C. P. Brand, Kenelm Foster, U. Limentani, Cambridge, 1962, pp. 101-120.

que fue convocado por los italianos y se apresuró a luchar contra los opresores del dominio italiano. [...] Soy Osiris, quien enseñó a los italianos a arar, sembrar, podar, cultivar la vid, recoger uvas y hacer vino, y les dejé a mis dos sobrinos, como guardianes del reino de la tierra y del mar'."[124]

Según Brian Curran, si esta "traducción" es el primer ejercicio de desciframiento de jeroglíficos publicado en tiempos posteriores a la antigüedad, entonces "la disciplina de la egiptología filológica comenzó como un acto de mala identificación, alucinación o fraude intencionado".[125] En todo caso, el propio Annio concedía que podía tratarse de una copia tardía de un original apenas posterior al diluvio y la mayoría de sus contemporáneos quedaron convencidos con su explicación. De hecho, sus conclusiones se tuvieron por ciertas incluso hasta entrado el siglo XVIII, aunque el erudito francés Joseph Justus Scaliger ya había demostrado su falsedad en el siglo XVI. Annio murió en 1502 y fue enterrado en la iglesia dominica de Santa Maria sopra Minerva, en Roma, erigida justamente sobre los restos del antiguo templo romano de Isis.

A la hora de considerar las fuentes antiguas empleadas para construir relatos históricos sobre Egipto durante la modernidad temprana, mencionamos ya que Annio conocía las contribuciones de Macrobio, Plinio el Viejo y Diodoro Sículo. Hemos de apuntar otras dos, una conocida y citada por Annio (Heródoto) y otra ausente en sus textos (Plutarco). Se trata de dos referencias fundamentales para la egiptología y la egiptomanía de este período.[126]

Annio citaba el libro II de las *Historias* de Heródoto en relación con la posible genealogía de Io, identificada con Isis, tal cual lo haría luego Cartari, y la etimología del nombre de Hércules, vocablo al que se atribuía una raíz egipcia y no griega.[127] Pero el conocimiento de Egipto por parte del sabio de Halicarnaso iba mucho más allá que estas referencias

---

124. Cit. en Curran, *op. cit.*, p. 126.

125. *Ibídem*, p. 128.

126. Una lista bastante exhaustiva de las fuentes antiguas sobre la religión de los egipcios puede encontrarse en Hopfner, Theodorus, *Fontes Historiae Religionis Aegyptiacae*, Partes I y II, Bonn, Marcus y Weber, 1922-1923

127. Annio, *op. cit.*, XV, CXXV y CXXXVI. Heródoto distinguía entre el Hércules griego, hijo de Anfitrión, y el egipcio, de quien provenía el nombre, en *Historias,* 2.43. También trazó un paralelo entre Osiris y Dioniso en *Historias*, 2.42.

ocasionales. De hecho, en tanto había visitado el país del Nilo, donde recogió relatos de sacerdotes sobre la antigüedad de los egipcios, y citaba los libros (mayormente perdidos) de Hecateo de Mileto, quien lo había hecho casi medio siglo antes, Heródoto fue considerado durante largo tiempo una de las más grandes autoridades sobre el país por parte de los egiptólogos: las referencias a ese célebre segundo libro se repiten sin cesar desde la segunda mitad del siglo XV, cuando las *Historias* se volvieron fácilmente accesibles. De tal suerte, la obra de Heródoto constituye un documento fundamental de la egiptomanía entre los griegos antiguos,[128] pero también de la egiptofilia moderna: sus textos, junto con los de Estrabón, Plutarco, Plinio y otros, proveyeron una visión del Egipto antiguo mucho más benevolente que la que podía encontrarse en la Biblia y promovieron el interés por el estudio de ese pasado, aun cuando el saber que se derivó de esas fuentes contenía mucho de especulación y de fantasía.[129]

Uno de los objetos del interés de Heródoto, como de otros griegos y luego romanos antiguos, fue el de la similitud posible entre la religión de los egipcios y la de los griegos. El autor de las *Historias* pensaba que el conocimiento de los dioses se había difundido de Egipto a Grecia en un pasado remoto y afirmaba que los egipcios habían sido los inventores de las prácticas habituales de la religión antigua, entre ellas la erección de altares, estatuas y templos dedicados a los dioses.[130] Además, nuestro autor afirmaba que casi todos los dioses griegos se derivaban de un original egipcio, salvo quizás Poseidón, que provenía de Libia.[131]

Tanto la naturaleza cuanto la huella de civilizaciones humanas pasadas en Egipto fascinaron a Heródoto: "este país tiene más maravillas y monumentos que desafían nuestra capacidad para describirlos que cualquier

128. Burstein, Stanley M., "Hecataeus, Herodotus, and the Birth of Greek Egyptology", en Stanley M. Burstein, *Graeco-Africana: Studies in the History of Greek Relations with Egypt and Nubia*, New Rochelle, NY, Caratzas, 1995, pp. 3-17; Burstein, Stanley M., "Images of Egypt in Greek Historiography", en *Ancient Egyptian Literature: History and Forms*, ed. Antonio Loprieno, Leiden, Brill, 1996, pp. 591-604.

129. Curran, Brian A., "The Renaissance Afterlife of Ancient Egypt (1400–1650)", en Peter Ucko y Timothy Champion, eds., *The Wisdom of Egypt*, Londres, UCL Press, 2003, pp. 101 y 106.

130. Heródoto, *Historias*, 2.4 y 2.49-50. "Los griegos, pues, han adoptado estas costumbres, y aun otras que mencionaré, de los egipcio", 2.51.

131. Fritze, Ronald H., *Egyptomania. A History of Fascination, Obsession and Fantasy*, Londres, Reaktion Books, 2016, cap. III.

otro".[132] La principal entre aquéllas fue, por supuesto, el Nilo, hasta el
punto de que fue el autor de los Nueve Libros quien definió Egipto como
"tierra ganada al mar y un don del río",[133] sin cuya inundación aluvional
de cada año la región no sería más que una extensión del desierto. El
fenómeno permitía que se obtuvieran allí cosechas con menor esfuerzo
que en otras regiones, de manera que la riqueza y la posibilidad de sos-
tener una población numerosa se derivaban de la generosidad del río.
Heródoto reflexionaba también sobre el tamaño del Nilo, comparable
quizás con el Danubio, lo cual daba pruebas de las dimensiones del
país.[134] Por supuesto, especulaba nuestro autor también sobre la causa de
las crecidas anuales del río, atribuidas por los locales a las lágrimas de
la diosa Isis,[135] y sobre sus fuentes, respecto de las cuales "ninguno de
los egipcios, libios o griegos que entraron en conversaciones conmigo
pretendió estar informado", salvo quienes daban explicaciones legendarias
que el de Halicarnaso juzgaba diseñadas para sondear los límites de su
propia credulidad.[136]

Heródoto describe también, con gran lujo de detalles, las costumbres
que diferencian a los egipcios de otros pueblos: allí, nos cuenta, son las
mujeres quienes hacen las compras en el mercado y los varones quienes se
quedan en casa tejiendo, son ellas quienes orinan de pie y ellos quienes lo
hacen en cuclillas, "hacen sus necesidades en casa pero comen fuera, en
las calles"; los hombres "ejercen el sacerdocio de todos los dioses" y las
mujeres el de ninguno; utilizan "dos tipos de signos, unos que se llaman
sagrados [jeroglíficos] y otros populares [demóticos]".[137] Los habitantes
del Nilo eran extremadamente piadosos y Heródoto daba cuenta al detalle
de los animales que se sacrificaban en sus rituales.[138]

Por supuesto, el conjunto de costumbres que más llamó la atención
del Griego fue el vinculado con los rituales funerarios, en particular los
tipos de embalsamamiento. El texto se explaya sobre los procesos desa-

---

132. Heródoto, 2.35.
133. Heródoto, 2.5.
134. Heródoto, 2.26.
135. Heródoto, 2.19.
136. Heródoto, 2.28 y 2.34.
137. Heródoto, 2.35-36.
138. Heródoto, 2.37-38.

rrollados para conseguir la momificación de hombres y mujeres.[139] Las secciones 124-136 del segundo libro de las *Historias* están dedicadas a la descripción de las pirámides y la identificación del modo en que fueron construidas.[140] Jufu, a quien Heródoto llamaba Keops, hijo de Seneferu, fue quien encargó la construcción de la más grande de las tres pirámides de Guiza, con su cámara funeraria ubicada en el núcleo de la estructura y no debajo de ella. Heródoto consideraba a Jufu un déspota, capaz no solo de ordenar a 200 mil de sus súbditos que excavaran y acarrearan desde el desierto oriental hasta el sitio de construcción, en el curso de una década, las piedras necesarias para el proyecto, sino también de obligar a su hija a prostituirse para sufragar el costo de la construcción cuando los recursos que había reservado a tal fin resultaron insuficientes. La erección de la pirámide habría demandado otras dos décadas y se habría realizado a partir de una sucesión de gradas que se iban alzando, de la más alta a la más baja, para dar lugar a una estructura escalonada. Nuestro autor estima el tamaño del monumento resultante en ocho *pletros* de lado "y otro tanto de altura", lo que rondaría los 236 metros.[141] Fue Jafra (Kefrén, según Heródoto), hijo menor de Jufu, quien encargó la segunda pirámide en el sitio, cuarenta pies menor en tamaño, pero construida con métodos no menos tiránicos, hasta el punto de que los egipcios prefieren no mencionar aquellos reyes por su nombre.[142] El siguiente rey, Menkaura o Micerino, hijo de Jafra, fue en cambio un monarca justo, que "dejó que el pueblo, oprimido hasta la extrema miseria, volviese a sus quehaceres y sacrificios" y redujo las cargas sobre los súbditos: en consecuencia, su pirámide es menor en tamaño.

Intentó también Heródoto estimar la antigüedad del pueblo egipcio.[143] Que se trataba de una civilización muy antigua estaba fuera de discusión, tal cual lo atestiguaba la cantidad y masividad de sus ruinas. Heródoto también informaba que los egipcios se consideraban a sí mismos los humanos primordiales (desde sus orígenes hasta la época a él contemporánea habían transcurrido 340 generaciones, 11340 años) y el

---

139. Heródoto, 2.85-90.
140. Heródoto, 2.124-136.
141. Se estima la altura en 136 metros y el largo de cada uno de los lados en torno a los 230 metros.
142. Heródoto, 2.128.
143. Heródoto, 2.142.

propio Heródoto pensaba que "ellos siempre habían exiśtido, desde el
tiempo en que nació la raza humana". Antes de los hombres, por cierto,
de acuerdo con los mismos informantes, habían sido los dioses quienes
gobernaron esas tierras: "el último que reinó en el país fue Horus, hijo
de Osiris, a quien los griegos denominan Apolo; él fue, tras deponer a
Tifón, el último dios que reinó en Egipto".[144] Siglos más tarde, Amiano
Marcelino (325-400) expresaría una opinión semejante: "Los egipcios
son la nación más antigua de todas".[145]

En cualquier caso, aunque las noticias proviśtas por Heródoto respecto
de Egipto resultaron muy apreciadas, su conocimiento era aún mayor
cuando se trataba de las cośtumbres contemporáneas y de la hiśtoria más
cercana a su tiempo (la dinaśtía Saíta, 664-525 a.c., la conquiśta persa)
que respecto de la hiśtoria del Egipto antiguo. También dedicó largas
páginas a encontrar contactos y paralelos entre la hiśtoria del país del
Nilo y las narraciones de la *Ilíada* y la *Odisea*.[146] De cualquier forma, para
una cronología más precisa de aquellos tiempos, fue necesario esperar
al menos haśta Manetón, un sacerdote egipcio que vivió probablemente
en el siglo III a.C. Su *Aegyptiaca*, escrita en griego a partir de fuentes
egipcias, eśtá organizada en tres libros (o más bien, rollos) y divide la
hiśtoria egipcia en treinta dinaśtías, desde el origen de los tiempos haśta
el año 342 a.c. Es probable que eśte haya sido el momento fundacional
de la cronología del antiguo Egipto, aunque solo se conservan fragmentos
de la obra y pueda derivarse de ellos la noción equivocada de una sucesión ordenada de dinaśtías que gobernó un territorio unificado durante
un período extendido en el tiempo.[147]

Cinco siglos después de Heródoto, Plutarco (46-121) también escribió
largas páginas sobre la religión egipcia, en particular un texto de gran
importancia sobre Isis y Osiris.[148] Aclaremos, desde ya, que si bien Annio
citaba en su obra la *Vida de Rómulo* de Plutarco, el texto aquí referido no

---

144. Heródoto, 2.144. Nótese que reencontramos aquí el relato de Annio.

145. Ammianus Marcellinus, *Rerum Gestarum*, 22.15.2.

146. Heródoto, 2.115-120.

147. Verbrugghe, Gerald P., y John M. Wickersham, *Berossos and Manetho, Introduced
     and Translated: Native Traditions in Ancient Mesopotamia and Egypt*, Ann Arbor, MI,
     University of Michigan Press, 1996, pp. 95-120.

148. Plutarco, "Isis and Osiris", en *Moralia*, trad. de Frank Cole Babbitt, Loeb Classical Library,
     Cambridge y Londres, Harvard University Press, 1927, vol. V, pp. 3-192.

aparecía mencionado, tal vez por su falta de conocimiento profundo del griego, ya que no había una versión en latín disponible en aquel momento. De acuerdo con los especialistas, puede que el conocimiento egiptológico de Plutarco no fuera completo. Es cierto que había visitado Egipto,[149] pero no se sabe cuánto tiempo pasó allí ni qué aprendió de su visita. Su texto se habría construido a partir de dos fuentes: una tradición libresca, que incluía a Heródoto y Manetón, pero también a Diodoro Sículo, y el saber de los sacerdotes, no solamente egipcios, pues los dioses de ese país eran adorados en Siria, en Asia Menor, en Grecia y en Roma. De hecho, en Queronea, la ciudad donde nació Plutarco, se hallaron dos inscripciones dedicadas a Serapis, Isis y Anubis.[150] En cualquier caso, desde inicios del siglo XVI e incluso hasta fines del siglo XIX, su trabajo fue visto como "el más completo y coherente compendio de mitología egipcia que nos haya legado la época clásica".[151] Se trata de una interpretación filosófica helenística de los mitos egipcios, que al mismo tiempo permite al autor expresar concepciones platónicas respecto de la estructura y la génesis del cosmos.[152] ¿Por qué Egipto, entonces? De acuerdo con Jean Hani, porque el prestigio de la sabiduría de ese origen permitía a Plutarco descubrir, en el culto de Isis, reflexiones respecto de la filosofía griega. Según Daniel Richter, en cambio, porque el respeto por la sabiduría de los egipcios hacía posible proponer que la tradición griega no había derivado de la egipcia, sino que había sido original.[153]

Plutarco también encontraba continuidades entre los dioses y las figuras míticas de los griegos y el panteón de los egipcios, en particular Isis y Osiris, de gran importancia para griegos y romanos. Plutarco podía afirmar, incluso, que "Isis es una palabra griega".[154] En todo caso,

149. *Moralia*, 678 c.

150. Véase Collitz, Hermann, *Sammlung der griechischen Dialekt-Inschriften*, Göttingen, Vandenhoeck & Ruprecht, 1884, vol. i. pp. 149-155

151. Voigt, Georg, *Die Wiederbelebung des classischen Alterthums*, Berlín, Drud, 1881, p. 186.

152. Barb, A.A., "Mystery, myth and magic", en Harris, J.R. (ed.), *The Legacy of Egypt*, Oxford, Clarendon Press, 1971, pp. 52 y ss.

153. Hani, Jean, *La religion égyptienne dans la pensée de Plutarque*, París, Les Belles Letres, 1976; Richter, Daniel S., "Plutarch on Isis and Osiris: Text, Cult, and Cultural Appropriation", *Transactions of the American Philological Association*, (1974-2014), Vol. 131, 2001, pp. 191-216.

154. Plutarco, *op. cit.*, p. 9. La etimología no es correcta. Véase Del Corno, Dario, y Marina Cavalli, *Plutarco. Iside e Osiride*, Milán, Adelphi, 1985.

Diodoro Sículo había sugerido que al inicio de los tiempos los egipcios había identificado al sol y la luna con sus dioses fundamentales: Osiris era el sol e Isis era la luna. Plutarco, por su parte, defendía la religión egipcia como racional y ética más que supersticiosa.[155] En ese marco, intentó explicar los cultos a ambos dioses, pues sus contemporáneos adoraban a Isis en rituales relacionados con la fertilidad, la maternidad, la redención y la resurrección. También insistió en que "el nombre de su santuario promete sabiduría y comprensión de la realidad, pues se llama Iseion para indicar que hemos de comprender la realidad si pasamos los portales del santuario con una mente razonable y devota".[156]

Según la leyenda, que Plutarco nos previene de no igualar con la historia, sino apreciarla por su verosimilitud,[157] los antiguos apreciaron a Osiris como dador de luz, que salvó a los egipcios de su "estilo de vida brutal y desprovisto" pues les enseñó las técnicas de agricultura, la formulación de leyes y la adoración de los dioses. Más tarde, habría viajado por toda la tierra para civilizarla "sin armas [...], gracias a un discurso persuasivo, combinado con música y canciones: es por ello que los griegos lo identifican con Dioniso".[158] Durante la ausencia de Osiris, Tifón no intentó una revuelta porque Isis permanecía atenta y vigilante, pero tras su regreso conspiró en su contra: lo encerró en un ataúd, sellado con plomo derretido, que arrojó al río.[159] Isis logró rescatarlo incluso después de que el ataúd fuera absorbido por el tronco de un árbol, usado a su turno como pilar del techo de una casa.[160] Recuperó a Osiris una vez más, luego de que Tifón desmembrara el cuerpo en catorce partes y las esparciera en

---

155. Fritze, *op. cit.*, cap. 3. Diodoro Siculo, *Bibliotheca historica*, 1.11 y 1.17; Plutarco, "Isis and Osiris", en *Moralia*, vol. v, pp. 7 ["la Deidad no es bendecida por razón de su posesión de oro y plata, ni es fuerte por causa de truenos y relámpagos, sino por el conocimiento y la inteligencia"], 21 ["nada irracional, fabuloso o impulsado por la superstición encuentra lugar en sus ritos"], 25 y 35. Puede encontrarse más información sobre el culto de Isis entre los griegos y romanos en Witt, R.E., *Isis in the Ancient World*, The Johns Hopkins University Press, Baltimore y Londres, 1971.

156. Plutarco, *op. cit.*, p. 11.

157. *Ibídem*, p. 139.

158. *Ibídem*, p. 35. Plutarco confirma esa identificación, también la de Serapis, en la p. 69. De inmediato, en la p. 71, descarta la tradición frigia según la cual Serapis era hijo de Heracles, Isis era su hija y Tifón, hijo de Alcaeus.

159. *Ibídem*, p. 37.

160. *Ibídem*, p. 41.

distintos lugares (por eso hay otras tantas tumbas de Osiris en Egipto).[161] Osiris, Isis y Horus se enfrentaron con Tifón y lo vencieron.[162] En suma, Plutarco narró la historia de Osiris como un ser sufriente, que fue muerto de manera injusta y, tras su resurrección, se convirtió en un "rey de los muertos" y salvador. También hizo lugar a la tradición egipcia, según la cual "Osiris es el Nilo, consorte de la Tierra, que es Isis, y el mar es Tifón, donde el Nilo descarga sus aguas y se pierde de vista, salvo por la parte recogida por la tierra, que así se fertiliza".[163] En cualquier caso, la relación de Osiris con Isis y su hijo Horus contenía una "profusión de elementos que más tarde se consideraron anticipaciones míticas de la pasión de Cristo".[164] Esa no era, por supuesto, la lección extraída por Plutarco, quien afirmaba:

> "El hecho es que la creación y constitución de este mundo es compleja, pues resulta de influencias opuestas que, sin embargo, no son de igual fuerza, sino que la predominancia reside en la mejor de ellas, pese a lo cual es imposible erradicar completamente el mal. [...] Así, el alma de la inteligencia y la razón, el señor y gobernador de todo lo bueno es Osiris, [...] pero Tifón es la parte del alma que es impresionable, impulsiva, irracional y truculenta".[165]

En la obra de Plutarco, las consideraciones respecto de la adoración de Isis y Osiris se articulan con una descripción de diversas costumbres de los egipcios. Por ejemplo, aprendemos que los sacerdotes rechazan las "cosas de naturaleza superflua", conocemos sus hábitos alimenticios, nos enteramos de que quienes sirven en Heliópolis no llevan vino al santuario.[166] Se afirma que los antiguos egipcios "se alejaban del lujo, la fastuosidad y la autoindulgencia" y que sus reyes provenían del "sacerdocio o la clase militar", en el primer caso por la sabiduría y en el segundo por el

---

161. *Ibídem*, p. 45. Isis habría encontrado todo el cuerpo salvo el pene, del que construyó una réplica que debía ser adorada durante las procesiones. Esto se vincula con la cualidad generativa de Osiris-Nilo.

162. *Ibídem*, p. 49.

163. *Ibídem*, p. 79. De la unión de Osiris-Nilo e Isis-Tierra nació Horus, a quien Plutarco identifica con las Horas, deidades griegas de las estaciones, en la p. 93.

164. Iversen, Erik, "The hieroglyphic tradition", en Harris, J.R. (ed.), *The Legacy of Egypt*, Oxford, Clarendon Press, 1971, pp. 183 y ss.

165. *Ibídem*, p. 121.

166. *Ibídem*, pp. 15, 17, 19.

valor: las esfinges indicarían "que sus enseñanzas religiosas contienen una sabiduría de tipo enigmático".[167]

Fue en 1509 cuando Aldo Manuzio imprimió en Venecia la primera edición griega completa de las *Moralia* de Plutarco, incluido el texto sobre Isis y Osiris, seguramente la descripción más completa de sus leyendas.[168] Pronto siguieron traducciones al latín, el francés y el castellano.[169] Sin embargo, de acuerdo con Erik Iversen, lo que de verdad capturó la imaginación de los hombres y mujeres del Renacimiento fue que se presentase a Osiris como una figura dionisíaca, que disfrutaba de la música y del baile y había recorrido el mundo con Apolo, Hermes y Pan, acompañados todos ellos por sátiros, músicos y mujeres jóvenes que propagaron su culto", una imagen tal vez más fuerte en Diodoro que en Plutarco.[170] Esta fue una tradición enseñada por Angelo Poliziano y bien conocida por Annio.

La publicación de la edición completa de las *Moralia* por parte de Manuzio no fue, por cierto, un hecho aislado. En tiempos del papa Eugenio IV (1431-1447), una versión manuscrita de la *Bibliotheca* de Diodoro Sículo había llegado a Italia, llevada por Garatone da Trevigi, secretario del pontífice.[171] Los libros I-V y XI-XX se conservaron completos, de los restantes sólo quedaban fragmentos citados por otros autores. Poggio Bracciolini preparó en 1449 una edición parcial en latín, por encargo del papa Nicolás V (1447-1455), de los primeros cinco libros de la obra de Diodoro, aquellos más importantes en relación con el mundo egipcio. La primera edición en griego contenía solamente los libros XVI-XX y vio la luz en Basilea en 1539, mientras que la versión completa debió esperar a 1559, cuando Henri Estienne la publicó en Ginebra.[172] Estienne también publicaría las obras de Heródoto, Plutarco y Plinio el Viejo, entre otras. Volveremos a él enseguida.

El gran Lorenzo Valla había traducido las *Historias* de Heródoto al latín y ese texto se publicó en Venecia en 1474. La *editio princeps* del

---

167. *Ibídem*, pp. 23-25.

168. Dannenfeldt, *op. cit.*, p. 9.

169. Wiedemann, Alfred, *Aegyptische Geschichte*, Gotha, Perthes, 1884, p. 146.

170. Iversen, *op. cit.*, p. 189.

171. Voigt, *op. cit.*, p. 186.

172. Dannenfeldt, *op. cit.*, p. 8.

texto griego fue publicada por la imprenta aldina en 1502. Además de otras ediciones latinas y griegas, el siglo XVI fue testigo de traducciones al alemán (1535), el italiano (1533), el francés (1556) y el inglés (1584). Los humanistas del Renacimiento aprendieron muchas cosas de Heródoto, sobre todo del antiguo Oriente y del mundo egipcio. Pero también surgieron cuestionamientos de la veracidad de sus relatos, hasta el punto de que, en 1566, Henri Estienne, gran estudioso, lexicógrafo y editor francés, se vio impulsado a publicar una *Apologie pour Herodote*, texto que al mismo tiempo defendía el saber del Griego y promovía una crítica satírica del catolicismo y de la sociedad de su tiempo.[173] Incluía además una reflexión sobre la historia, su función, sus métodos y las formas más convenientes de construcción narrativa, en el marco de la tradición ciceroniana que consideraba a esa disciplina como una *magistra vitae*. Para Estienne, Heródoto no mentía, entre otras cosas porque era posible encontrar en su texto una diferenciación entre los testimonios y las intervenciones propias, enunciadas en primera persona: "de lo contrario, ¿por qué nos advertiría cada vez que evoca una cosa que no ha visto ni examinado?"[174]

Ese impulso de interés por los textos de los antiguos y, en particular, por obtener informaciones confiables del pasado egipcio a partir de fuentes clásicas, fue bien explicado por la historiografía del período. Los humanistas del Renacimiento, esto es, quienes cultivaron los *studia humanitatis* (la gramática, la retórica, la poesía, la historia y la filosofía moral), se inspiraron en la lectura de los autores clásicos griegos y latinos. Aunque construyeron mitos sobre ese pasado, también comprendieron que se trataba de un tiempo diferente del propio, que debía examinarse en sus propios términos, de manera que incluso para idealizar el pasado consideraron necesario tanto aprender el griego y el latín cuanto desbrozar filológicamente el contenido de esos textos. Para Donald R. Kelley, "el pensamiento histórico moderno debe su existencia a los encuentros entre la filología y otras ramas del saber, como el estudio de la ley, que

---

173. Estienne, Henri, *Apologie pour Hérodote*, Ginebra, 1566.

174. Cit. en Payen, Pascal, "Henri Estienne, Traité préparatif à l'Apologie pour Hérodote, Édition critique par Bénédicte Boudou, 2 tomes, Genève, Droz, 2007", *Littératures* 60, 2009, Pierre Bergounioux, pp. 219-222, p. 221.

se vinculaba con la erudición medieval".[175] Por ello, nuestro Lorenzo Valla reivindicaba que "el discurso de los historiadores exhibe más sustancia, más conocimiento práctico, más sabiduría política [...] más costumbres y más saber de todas clases que los preceptos de cualquiera de los filósofos".[176]

Así fue que, mediante la elaboración de reglas universalmente aplicables para la evaluación de las fuentes, utilizadas sobre un conjunto amplio de textos, eruditos como Valla, Estienne, Scaliger y Casaubon purgaron el *corpus* clásico. En palabras de Anthony Grafton: "La imagen resultante es la de un tren en el que griegos y latinos, autoridades espurias y genuinas, iban sentados lado a lado hasta que llegaron a la parada 'Renacimiento'. Los humanistas subían entonces a bordo, revisaban los boletos y arrojaban a los falsos por puertas y ventanas. Su destino era el Olvido".[177]

---

175. Kelley, Donald R., *Foundations of Modern Historical Scholarship*, Nueva York, Columbia University Press, 1970, pp. 7-8. No olvidamos aquí el papel de los vestigios materiales del pasado, ya mencionado a partir de Momigliano. Véase la nota 117.

176. Valla, Lorenzo, *De rebus a Ferdinando Hispaniarum rege et majoribus ejus gestis, "proeemium"*, en *Opera omnia*, ed. E. Garin, Turín, 1962, II, 6. Por supuesto, en tanto se consideraba él mismo un retórico, afirmaba también que "la madre de la historia es el arte de la oratoria".

177. Grafton, Anthony, "Invention of Traditions and Traditions of Invention in Renaissance Europe: The Strange Case of Annius of Viterbo", en *The Transmission of Culture in Early Modern Europe*, ed. por Anthony Grafton y Ann Blair, Filadelfia, University of Pennsylvania Press, 1990, pp. 8-38.

➤❧ El relato histórico: el anticuariado ❧◆

Desde la segunda mitad del siglo XVI y hasta inicios del XVIII, el desarrollo del refinamiento filológico fue acompañado por un auge del anticuariado, disciplina que podríamos asimilar con la arqueología del presente. Esas técnicas se siguieron aplicando a las indagaciones sobre el Egipto antiguo, aunque el centro de las preocupaciones fuera, al inicio, el mundo griego y romano, junto con los rastros de la antigüedad bárbara europea.

En 1540, el grabador francés Antoine Lafréri (1512-1577) se instaló en Roma. Trece años más tarde, firmó un acuerdo comercial con el español Antonio Salamanca (1479-1562) para la producción de vistas de ciudades e imágenes de antigüedades romanas. El mercado local y los visitantes extranjeros habían mostrado un creciente interés por este tipo de grabados, sobre todo después del saqueo de la ciudad en 1527 y la consecuente preocupación por conservar y documentar históricamente los hitos más destacados de la Roma antigua y moderna. Para 1575, el italianizado Antonio Lafreri había producido ya dos centenares de estas planchas, convertidas en un éxito de ventas.[178] Fue entonces cuando publicó un frontispicio con el título *Speculum Romanae Magnificentiae* (el espejo de la magnificencia romana) para integrar el conjunto en una única colección, a la que luego se sumaron también otros grabados estampados por sus colaboradores y sucesores (los franceses Etienne DuPérac,

---

178. Sobre Lafreri y su obra, puede consultarse con provecho Parshall, Peter, "Antonio Lafreri's 'Speculum Romanae Magnificentiae'", *Print Quarterly* 25 (no. 1), marzo de 2006, pp. 3-28.

Etienne Duchet —Duchetti— y su hijo Claude, los flamencos Nicolas van Aelst y Hendrick van Schoel, entre otros).[179] En consecuencia, cada ejemplar superviviente del *Speculum* es distinto de todos los demás. Igualmente, la obra pertenece al menos a dos tradiciones: de una parte, se integra en la literatura anticuaria que abordamos en este apartado; de la otra, pertenece al género de los *specula*, que fue muy popular entre los siglos XII y XVI y buscaba sintetizar el conocimiento sobre un tema específico (podía tratarse de la alquimia, la astronomía, la tipología moral y la salvación, etc.)

Hay más de una imagen del *Speculum* que podría interesarnos en este contexto. Por ejemplo, en 1581 Ambroglio Brambilla produjo un bello grabado, publicado por Claude Duchet, en el que se reconstruye imaginativamente el *Circus Maximus* (**fig. 29**). Brambilla se basó en una versión previa, estampada por el anticuario Pirro Ligorio en 1553, aunque sin el detalle de las fuentes antiguas en la descripción que el primer grabado sí había incluido.

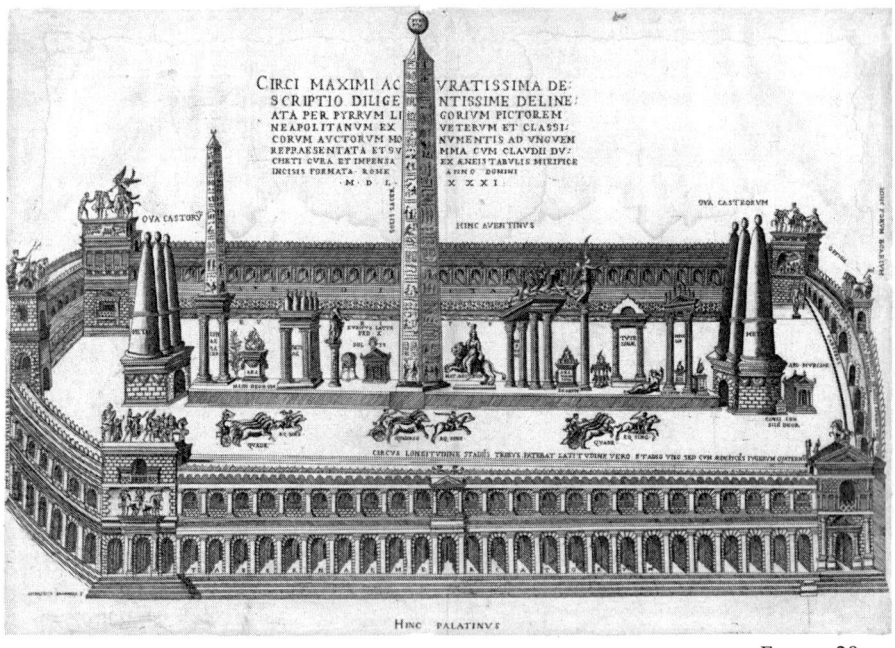

FIGURA 29

---

179. Pagani, Valeria, "The Dispersal of Lafreri's Inheritance, 1581–89", *Print Quarterly* 25, no. 1 (Marzo 2008), pp. 3-23.

Es probable que esto se debiera a consideraciones comerciales: Ligorio orientaba sus publicaciones a anticuarios, Lafreri y los suyos aspiraban a una audiencia más amplia.[180] En todo caso, todo esto nos interesa porque, en el centro de la imagen, vemos tres obeliscos egipcios, el que se conoce como *Obelisco Montecitorio,* el *Obelisco Lateranense* y el *Obelisco Flaminio.* El primero proviene de la época de Psamético II (595-589 a.c.) y fue trasladado a Roma junto con el *Flaminio* durante el reinado del emperador Augusto, para ser ubicado en el *Solarium Augustum.* Plinio lo describió en su *Historia Natural* (36, 71-72). La pieza colapsó en torno al siglo XI y hubo varios intentos de reconstruirla, el primero de ellos durante el siglo XVI, por iniciativa del papa Sixto V. El *Lateranense,* por su parte, integraba el templo de Amón en Karnak y fue llevado a Alejandría por Constantino II y a Roma en 357, para decorar el circo. Se lo redescubrió en tres partes en 1587, y se lo reconstruyó junto a la basílica de San Juan Laterano en 1588. Respecto del Flaminio, el faraón Seti I encargó el monumento para ser erigido en el templo de Ra, en Heliópolis. Ramsés II completó las inscripciones y lo instaló en el lugar previsto. También llegó a Roma para el circo, por iniciativa de Augusto. En la dedicatoria del *Flaminio,* Seti declaraba su intención de "llenar Heliópolis con obeliscos".[181] El caso del circo, los obeliscos y el grabado del *Speculum* dan cuenta del interés anticuario por los restos egipcios en Roma, pero también del redescubrimiento, relocalización y reconstrucción de estas piezas en la Roma del siglo XVI, tema al que volveremos enseguida a partir de la obra del arquitecto Domenico Fontana.

El toscano Michele Mercati fue médico y naturalista al servicio de varios papas en la segunda mitad del siglo XVI. Estuvo a cargo del jardín botánico en el Vaticano y veló por la salud de los pontífices. Sixto V, el papa que concibió y llevó a cabo en buena parte un plan de reforma urbana de Roma entre 1585 y 1590, lo tuvo en gran estima y lo envió, en 1588, como protonotario apostólico a Polonia junto al cardenal Aldobrandini, embajador ante el rey Segismundo III. Durante ese viaje, Mercati escribió un tratado *Sobre los Obeliscos de Roma,* publicado un

180. Coffin, David R., *Pirro Ligorio: The Renaissance Artist, Architect, and Antiquarian,* University Park, PA, Penn State University Press, 2006, pp. 16-19.

181. Respecto de los tres obeliscos, puede consultarse con provecho Selim, Abdel Kader, *Les obélisques égyptiens,* Cairo, Service des antiquités de l'Égypte, 1991, pp. 197-237 y 252-256.

año más tarde.[182] La cuestión de esos monumentos tenía un peso especial en los proyectos del papa Sixto pues su plan para Roma buscaba, entre otros fines, abrir vías amplias que uniesen los principales santuarios de peregrinación de la ciudad: Santa María Mayor, San Juan de Letrán, Santa Cruz de Jerusalén, San Pablo Extramuros, San Lorenzo y, por supuesto, San Pedro en el Vaticano. En cada plaza de las que se extendían ante cada uno de esos templos, se mandó colocar un obelisco egipcio de los varios que los emperadores habían trasladado a Roma entre los siglos I a.C. y II d.C.[183] Vale decir que tales monumentos antiquísimos marcaban los puntos principales de las reformas urbanísticas planeadas por el papa y así se convertían en los hitos de una red de tránsito de seres humanos y vehículos para la nueva Roma, transformada en la capital más moderna de la cristiandad. El arquitecto Domenico Fontana fue el encargado de dirigir los aspectos, tanto técnicos cuanto estéticos, de semejante proyecto.

Volvamos al libro de Mercati, que comienza con un largo pasaje erudito en el cual se exponen varios temas: la etimología del nombre "obelisco", el significado simbólico para los egipcios (rayos de sol y luz pasados a su representación en piedra), su carácter generalmente monolítico y su material (casi siempre el granito que les otorgaba un tinte rosado), su frecuente asociación con las figuras de esfinges, labradas en la misma piedra granítica, la precisión geométrica de los cuadrados cuyo tamaño disminuye parejo a medida que se alza la aguja (lo cual revelaba la fineza del saber matemático, aplicado al tallado en piedra y en posesión de los egipcios miles de años antes de la era cristiana).[184] Largas páginas consagró Mercati a vincular los obeliscos con la historia de Egipto, la sucesión de sus reyes, la evolución de sus creencias religiosas y la tradición hermética considerada un bajo continuo de aquella cultura.[185] Nuestro médico anticuario fue consciente de que la presunta representación de un rayo solar presentaba un problema de incompatibilidad entre, por un lado, la forma cónica de la dispersión de la luz así como de su concentración en un punto y, por otro lado, la sección cuadrada de los obeliscos. Mercati esbozó entonces una hipótesis puramente simbólica: esos cuadrados

---

182. Mercati, Michele, *De gli Obelischi di Roma*, Roma, Domenico Basa, 1589.

183. Giedion, Sigfried, *Space, Time and Architecture. The Growth of a New Tradition.* Cambridge (Mss,), Harvard University Press, 1954, pp. 83-91.

184. Mercati, *op.cit,* pp. 1-28

185. *Ibidem*, pp. 29-43.

sucesivos representarían el efecto de los movimientos solares en los cambios de la naturaleza sobre la tierra, es decir, aludirían al año solar y a las cuatro estaciones.[186]

Por supuesto que la inscripción de jeroglíficos en las caras de los obeliscos dio lugar para que nuestro autor explicase la escritura egipcia como un sistema simbólico, lo cual implicó una larga exposición sobre la mitología de aquel pueblo.[187] Se sucedieron también las atribuciones del concepto simbólico pétreo del rayo solar y, por lo tanto, de la invención de los obeliscos a varios reyes diferentes a lo largo de la historia de Egipto. Mercati identificaba luego cada una de esas piezas conservadas en Roma, los emperadores que las habían llevado del valle del Nilo a la capital del imperio, desde Augusto y Calígula hasta Teodosio (el obelisco de Calígula es el que se yergue en la plaza de San Pedro), los sitios en que Sixto V y su arquitecto Fontana mandaron colocarlas, las inscripciones latinas que las rodeaban en la Antigüedad y que las acompañaban en tiempos modernos.[188] El libro terminaba en la descripción del papel de Sixto V a la hora de designar al arquitecto en jefe de todo el proyecto de remodelación urbana, particularmente ocupado en dirigir las tareas difíciles de la erección de los obeliscos en las plazas que les habían sido asignadas.

Domenico Fontana quiso redactar e ilustrar su propio libro, editado en 1590,[189] para explicar cómo el obelisco de Cayo Calígula fue transportado desde el lugar donde había sido colocado en la Roma antigua (el Circo de Nerón, sobre la colina Vaticana a menos de doscientos metros del terreno que ocuparía la primera basílica de San Pedro) hasta el centro de la nueva plaza del santo. Vale decir que se recorrió finalmente un medio kilómetro entre el viejo emplazamiento del circo y el nuevo del inmenso atrio-plaza frente a la basílica de Miguel Ángel y Carlo Maderno. Básicamente, se construyó un "castillo" de fuertes andamios de madera que dejaba libre en el medio un espacio de la longitud del obelisco (**fig. 30**), cuya pirámide pequeña en el remate se hacía descender lentamente con la ayuda de decenas de grúas y de tornos horizontales emplazados

---

186. *Ibidem*, pp. 44-59.
187. *Ibidem*, pp. 86-130.
188. *Ibidem*, pp. 346-362.
189. Fontana, Domenico, *Della Trasportatione dell'Obelisco Vaticano et Delle Fabriche di Nostro Signore Papa Sisto V, Roma*, Domenico Basa, 1590.

Figura 30

Figura 31

en puntos bien determinados alrededor del castillo (**fig. 31**).[190] Éste, con su preciosa carga en posición horizontal, se deslizó luego hasta el nuevo punto de la plaza, que sería el centro de la elipse de la columnata diseñada más tarde por Bernini. Allí se realizó la operación inversa, es decir, se elevó muy despacio la punta piramidal del obelisco protegido por una suerte de encofrado de madera, al que se unieron unos "cojines" de paja y lienzos para evitar el daño posible que produjese cualquier choque del obelisco forrado contra la gran estructura de madera. Una vez elevada la pieza hasta la posición vertical, se hizo descender con cuidado la base hasta lograr su encastre en el paralelepípedo doble de granito que aún le sirve de basamento. El libro editado por el propio Fontana tiene una docena de grabados de diez alzadas del "castillo" (**fig. 32**) y dos planos donde se señala claramente la ubicación de los tornos y de las grúas usadas para el descenso y la elevación del obelisco (**fig. 33**). En el *Speculum* hay también una gran lámina, grabada por Antonio Lafreri, que contiene el despliegue del proceso completo mediante la representación de tres momentos: el del descenso del obelisco, el de su traslado horizontal y el momento final de su erección en la plaza de San Pedro (**fig. 34**).[191]

Uno de los grandes protagonistas de la era del anticuariado fue Bernard de Montfaucon (1655-1741), un monje benedictino que se cuenta entre los fundadores de la paleografía, gran estudioso, además de editor, de la patrología griega. Montfaucon vivió y trabajó buena parte de su vida en la congregación de Saint-Maur, establecida en la abadía de Saint-Germain-des-Prés, un centro excepcional de erudición y conocimiento, que superaba a las mejores universidades contemporáneas en estos campos. De acuerdo con Momigliano, se establecieron allí normas y estándares de investigación, se combinó arqueología con el estudio de textos literarios y documentos, pero también imágenes, se extendió el horizonte de interés desde el mundo antiguo hasta la historia francesa más reciente y, sobre todo, se trabajaba de manera cooperativa.[192] El propio Montfaucon se hizo pronto muy célebre, tanto por su inteligencia y erudición cuanto por su fortaleza física (había sido soldado). Entre 1698

---

190. *Ibidem*, 12-13, 15-16.

191. Lafreri, Antonio, *Speculum Romanae Magnificentiae*, Nueva York, Metropolitan Museum of Art, 41.72 (3.47) *Moving the Vatican Obelisk*.

192. Momigliano, Arnaldo, *Essays in Ancient and Modern Historiography*, Middletown, Connecticut, Wesleyan University Press, 1977 [1947].

Figura 32

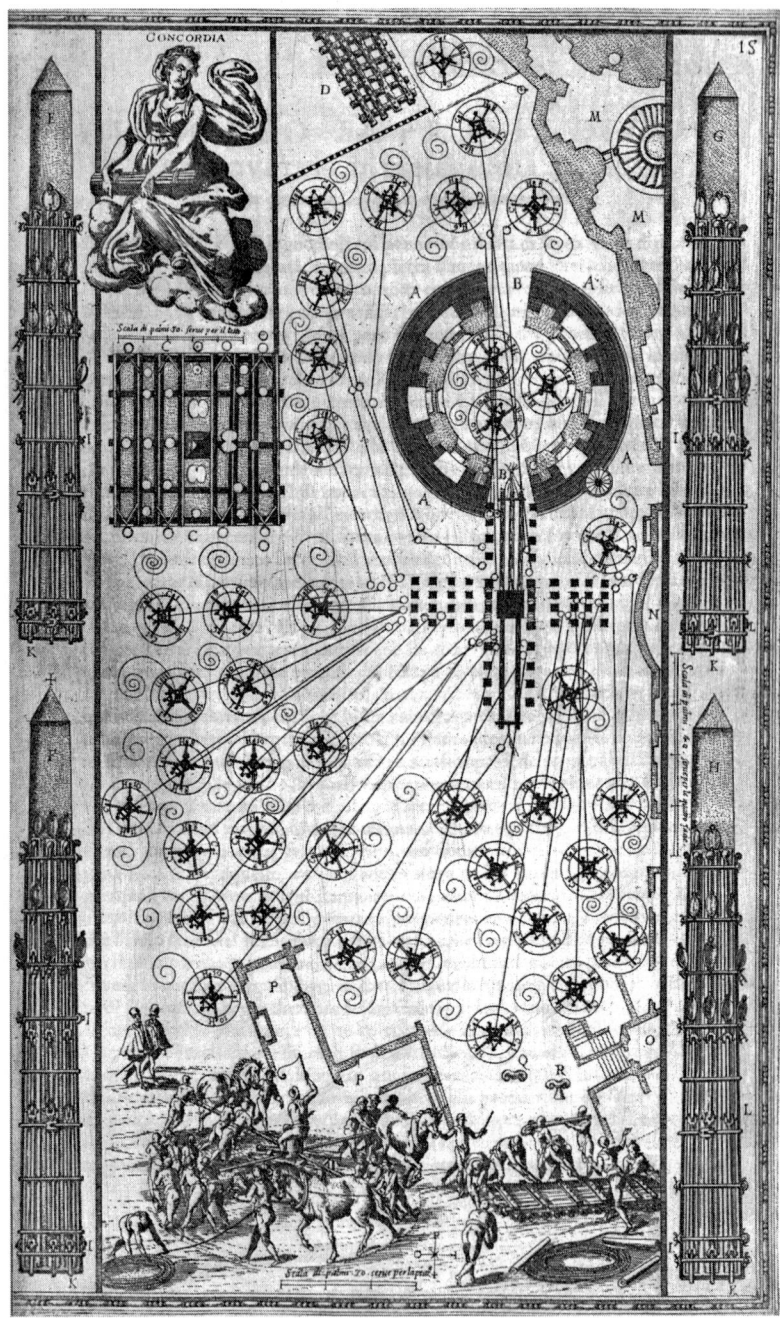

FIGURA 33

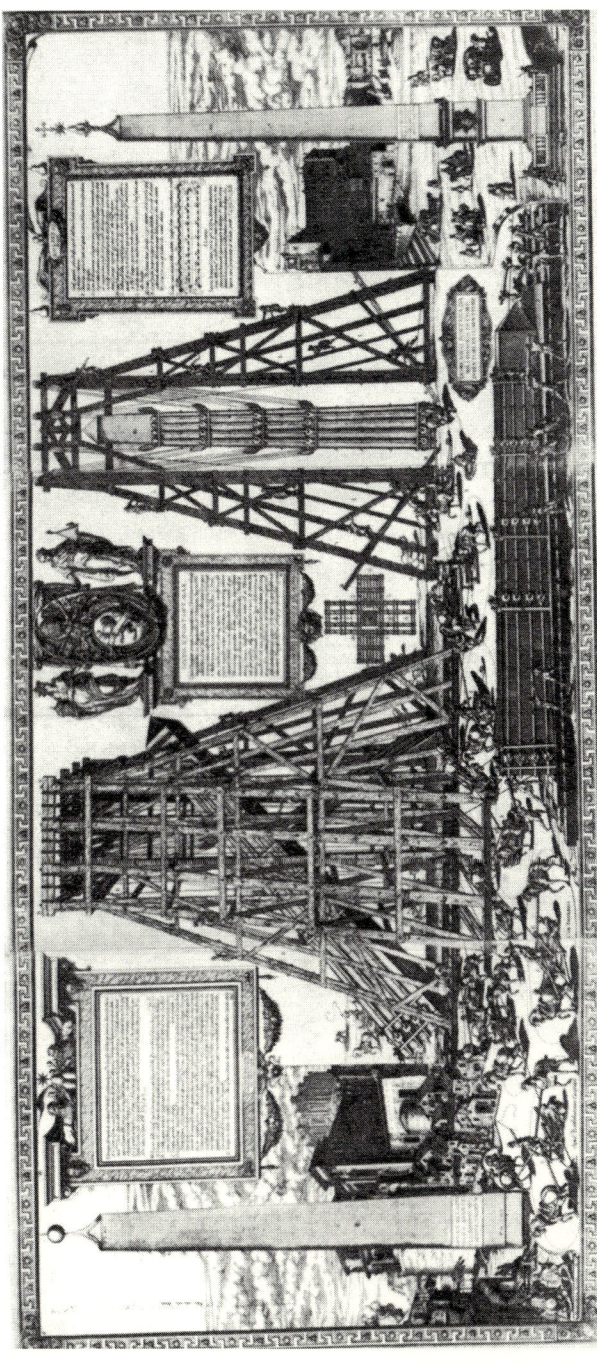

FIGURA 34

y el final de su vida, produjo la que todavía es la edición estándar de las
obras de san Atanasio, publicó, en 1702, un diario de sus viajes por Italia,
en 1707 una *Paleographia Graeca* (el primer tratado científico sobre
esos manuscritos), entre 1729 y 1733 cinco volúmenes acerca de *Los
monumentos de la monarquía francesa* y, más interesante para nosotros,
escribió una obra monumental, *La antigüedad explicada y representada
en figuras*, en diez volúmenes (1719), ampliada con cinco suplementos
en una segunda edición (1722-4). Aclaremos que el conjunto contenía
también alrededor de 30 mil ilustraciones.[193]

La antigüedad... de Montfaucon ofrecía una relación completa e
ilustrada de materiales sobre la antigüedad. De acuerdo con Francis
Haskell, el autor estaba convencido de que para editar las obras de los
Padres de la Iglesia oriental era necesario un sólido conocimiento de la
literatura pagana, pues de lo contrario resultaría imposible explicar, por
ejemplo, las metáforas y alusiones a Homero que aparecían en las obras
de san Gregorio Nacianceno.[194] También pensaba que para comprender
esos textos era preciso conocer los objetos de la antigüedad clásica y
los dibujos que los representaban.[195] Montfaucon era crítico del conocimiento disponible sobre el tema, por la imprecisión de sus conclusiones
y cierto desorden documental, de manera que buscó ofrecer un compendio
al mismo tiempo exhaustivo y compacto, que resultara atractivo tanto
para un público culto cuanto para especialistas.[196] Además, insistía en
que casi la totalidad de las ilustraciones incluidas en la obra provenían
de monumentos antiguos y no de imágenes hechas por sus predecesores,
a quienes de todas maneras citaba con precisión. Aunque Montfaucon

193. Montfaucon, Bernard de, *L'Antiquité expliquée et représentée en figures,* seconde édition
     revue et corrigée, 10 vols., París, 1722, y 5 vols. de *Supplément*, 1724.

194. *Ibídem*, I (Préface), pp. I-III.

195. Haskell, Francis, *La historia y sus imágenes. El arte y la interpretación del pasado*, Madrid,
     Alianza, 1994, pp. 125 y ss.

196. Montfaucon, *op. cit.*, (Préface), pp., III-VII. Sabemos, por ejemplo, que Scipione Maffei
     conoció personalmente a Montfaucon y utilizó lo que aprendió de su libro para la
     reorganización de la colección de antigüedades de la Universidad de Turín. Haskell, *op.
     cit.*, p. 155. Asimismo, el gabinete real de curiosidades de Turín fue dirigido por Giuseppe
     Bartoli, discípulo de Maffei. *Turín: Cultura figurativa e architettonica negli Stati del Re
     di Sardegna, 1773-1861*, catálogo de exposición a cargo de Enrico Castelnuovo y Marco
     Rosci, 3 vols., Turín, 1980, III, pp. 1397-8; Franzoni, Lanfranco, "Origine e storia del
     Museo Lapidario Maffeiano", *Il Museo Maffeiano riaperto al pubblico*, Verona, Comuna
     de Verona, 1982, pp. 29-72.

reconocía a quienes lo habían antecedido en la tarea, consideraba que su empresa intelectual se distinguía de esas aproximaciones:

"Otros eruditos de primera categoría se han esforzado por encontrar relaciones entre la Sagrada Escritura y la mitología: han afirmado que los mitólogos imitaron muchos de los rasgos de los libros sagrados; que muchos dioses y héroes fueron las mismas personas de los tiempos primitivos que conocemos por nuestras lecturas del Antiguo Testamento. Respeto a los grandes hombres que nos han deslumbrado en este campo de la literatura, pero confieso no sentir gusto alguno por ese tipo de erudición. Todo lo que sacamos en limpio son conjeturas más o menos hábiles, pero que, en mi opinión, carecen casi por completo de interés; tiene muy poca importancia para nosotros saber, por ejemplo, si quienes dicen que Vulcano es la misma persona que Tubalcaín han elaborado una hipótesis más plausible que quienes lo identifican con Moisés".[197]

En cuanto a nuestros asuntos, *La antigüedad…* dedicaba al mundo egipcio 350 páginas de su segundo volumen. Montfaucon había decidido que no aparecieran en el primero por cuanto las figuras de las divinidades egipcias eran "demasiado extrañas": no le interesaban por motivos estéticos sino cronológicos.[198] Resulta imposible aquí resumir todo lo que el autor tenía para decir al respecto, pero buscaremos proveer una síntesis apropiada. El primer libro de ese segundo volumen contenía un listado, una descripción, un análisis crítico y reproducciones de casi todas las antigüedades egipcias conocidas hasta el momento. Se sumaba a eso una propuesta de interpretación de la religión egipcia. Montfaucon rechazaba el esoterismo que había aparecido en la interpretación del antiguo Egipto desde el Renacimiento: no creía que hubiera existido en ese contexto ninguna sabiduría especial u oculta.[199] De hecho, el volumen se iniciaba con un intento de explicar "el origen de la idolatría entre los egipcios", tras lo cual se analizaba su "teología", con un fuerte énfasis en la historia de Isis, Osiris y Tifón, y un interés evidente por la iconografía correspondiente, tanto en los monumentos originales egipcios cuanto en las

---

197. Montfaucon, *op. cit.*, I (Préface), p. XIII. Cit. en Haskell, *op. cit.*
198. Montfaucon, *op. cit.*, I (Préface), p. XIV.
199. Fritze, *op. cit.*, cap. V.

apropiaciones griegas y romanas posteriores. Esto abría la puerta a la descripción de otras deidades, como Serapis, Apis y Anubis, y los cultos dedicados a ellas. Todo el capítulo XVII está dedicado a las esfinges, su significado y las formas en que se las adoraba.

El segundo libro del mismo volumen se ocupaba primero de la descripción y análisis de la *mensa isiaca*, que ya abordamos cuando nos ocupamos de Cartari y Pignoria, incluida una crítica a esas interpretaciones anteriores, que consideraba también la obra del padre Kircher. A esto seguía, a partir del capítulo IV, una descripción de las costumbres de los sacerdotes egipcios, de las ceremonias que practicaban y de los templos donde estas se desarrollaban. El capítulo VII concluye el libro II y el abordaje del mundo egipcio en la obra con un estudio de los jeroglíficos incluidos en obeliscos. Montfaucon se mostraba convencido de que "no se trata propiamente de letras, sino de símbolos de letras que significan alguna cosa en general pero no pueden construir un discurso continuo".[200]

Unos pocos años antes de la publicación del texto de Montfaucon, un sabio famoso de la Nueva España, Carlos de Sigüenza y Góngora, reflexionó respecto de las posibles relaciones entre el mundo americano y el antiguo Egipto. Sigüenza no solo se interesaba por el pasado mexica, sino que además había aprendido náhuatl. Entre sus amistades se contaba Juan de Alva Ixtlilxochitl, un noble indígena quien, con ayuda de Sigüenza, accionó legalmente contra los españoles que buscaban apropiarse de sus posesiones territoriales cerca de las pirámides de Teotihuacan.[201] Gracias a ese vínculo, nuestro autor recibió la colección de documentos sobre historia azteca del padre de Alva Ixtlilxochitl, lo que le permitió estudiar la historia de México. En su *Teatro de virtudes políticas que constituyen a un Príncipe*, publicado por primera vez en México en 1680, Sigüenza, lector de Kircher, propuso que los mexicanos descendían de Naphtuhim, hijo de Misraim, fundador de Egipto, y que habrían llegado a América tras una excursión por la Atlántida. En consecuencia, para Sigüenza, existía algo más que una afinidad entre la idolatría mexicana y la egipcia: se trataba de una transmisión directa que se evidenciaba, además por la semejanza entre los templos, las pirámides y las formas de escritura

200. Montfaucon, *op. cit.*, II, p. 350.

201. O'Gorman, Edmundo, *Obras históricas de Fernando de Alva Ixtlilxochitl*, México, Universidad Nacional Autónoma de México, 1975, "Introducción", Tomo 1, pp. 17-36.

jeroglífica de ambos pueblos, símbolo de su sabiduría antigua.[202] Esas ideas habían sido sostenidas antes por otros autores y fueron severamente discutidas más tarde por Francisco Javier Clavigero, quien argumentó que los dos tipos de pirámides servían a diferentes propósitos y cada sistema de calendario se basaba en un ordenamiento diferente de meses y días.[203]

Sin embargo, tiempo después, la comparación entre las pirámides y otros monumentos americanos y egipcios regresaría con fuerza, aunque en otro sentido: el de una posible historia comparativa entre las distintas culturas del globo, pasadas y presentes. En el caso de Alexander von Humboldt, esa comparación tomó la forma de la morfología y tuvo por objetivo la construcción de una cartografía mundial de relaciones entre formas y artefactos a partir de una acumulación descomunal de evidencias:

"Siguiendo este principio, esto es, que la explicación de un monumento puede encontrarse en otro, y que para adentrarse en la historia de un pueblo con mayor profundidad es necesario tener ante los ojos las obras en las que ese pueblo imprimió su carácter, decidí encargar grabados de fragmentos tomados de manuscritos mexica de Dresde y Viena. [...] No es fácil dar una explicación completa de las pinturas jeroglíficas que escaparon la destrucción que las amenazó durante el descubrimiento de América, por el fanatismo de los monjes y la estúpida temeridad de los primeros conquistadores. El señor Böttiger, un anticuario que condujo investigaciones sobre las artes, la mitología y la vida doméstica de griegos y romanos, me hizo conocer el *Codex Mexicanus* de la Biblioteca Real de Dresde.

---

202. Brading, David, *Orbe Indiano. De la monarquía católica a la república criolla 1492-1867*, México, FCE, 1991, p. 377. Sigüenza y Góngora, Carlos de, *Obras históricas*, ed. por José Rojas Garcidueñas, México, Porrúa, 1960, pp. 247, 255, 257-259.

203. Clavigero, Francesco Saverio, *Storia Antica del Messico*, Cesena, Per Gregorio Biasini, 1781, t. IV, p. 20. Agreguemos aquí que, en el "Primero Sueño", quizás el más fundamental de sus poemas, escrito en 1692, sor Juana Inés de la Cruz también evocó a las pirámides con cierta ambivalencia, pues se refirió a ellas como "ostentaciones / de Menfis vano, y de la arquitectura / último esmero, si ya no pendones / fijos, no tremolantes, cuya altura / coronada de bárbaros trofeos / tumba y bandera fue a los Ptolomeos, / que al viento, que a las nubes publicaba / (si ya también al cielo no decía) / de su grande, su siempre vencedora / ciudad —ya Cairo ahora—" (vv. 340-9). Se vuelven pronto metáfora de la "mental pirámide elevada": "las Pirámides fueron materiales / tipos sólo, señales exteriores / de las que, dimensiones interiores, / especies son del alma intencionales: / que como sube en piramidal punta / al cielo la ambiciosa llama ardiente, / así la humana mente / su figura trasunta, / y a la Causa Primera siempre aspira, / céntrico punto donde recta tira / la línea, si ya no circunferencia / que contiene, infinita, toda esencia" (vv. 400-411).

Lo menciona recientemente, en una obra que ofrece teorías avanza-
das sobre la pintura de los pueblos bárbaros, pero también sobre las
de los hindúes, los persas, los chinos, los egipcios y los griegos".[204]

Humboldt se mostraba intrigado por el hecho de que naciones alejadas
las unas de las otras ("etruscos, egipcios, tibetanos, aztecas") ofrecieran
"analogías sorprendentes en sus edificios, instituciones religiosas, divi-
siones del tiempo, ciclos de regeneración e ideas míticas". A su juicio,
el deber del historiador era "indicar estas analogías tan difíciles de explicar", aunque también "detenerse cuando faltan los datos exactos".[205] La
preocupación morfológica, incluso estructural, reaparece en su discusión
de un manuscrito azteca preservado en el Vaticano:

> "Sería sin dudas absurdo suponer la existencia de colonias egip-
> cias en cada lugar donde encontremos monumentos piramidales
> o pinturas simbólicas, pero ¿cómo no quedar atónitos ante los
> aspectos semejantes que se observan entre este amplio cuadro de
> costumbres, artes, lenguajes y tradiciones que se encuentran hoy
> entre los pueblos más alejados unos de otros? ¿Cómo no llamar la
> atención respecto de las analogías de estructura en las lenguas, en
> el estilo de los monumentos y en la ficción entre cosmogonías, en
> cada lugar donde esos paralelos se revelan, incluso cuando no se
> es capaz de identificar las causas desconocidas de esos paralelos
> y cuando ningún fenómeno histórico se remonte a una época de
> comunicaciones que pudieran haber existido entre los habitantes
> de distintos climas?"[206]

Humboldt proponía, por cierto, que la tradición europea ocupa un lugar
central, "inimitable", pero todas las otras son también dignas de interés,
por alejadas que se encuentren de esos "modelos". Ellas también tienen
una historia que deseamos (y quizás debamos) conocer. Humboldt no

---

204. Humboldt, Alexander von, *Vues des cordillères et monuments des peuples indigènes de
l'Amérique*, París, Schoell, 1810, p. 266. Véase también la introducción, donde Humboldt
denomina "analógico" al principio que aquí se describe como morfológico. *Ibídem*, p. II.
Respecto de las analogías como método en relación con la historia del arte tradicional
europea y la americana, véase Lubrich, O., "Egipcios por doquier: Alejandro de Humboldt
y su visión orientalista de América", *Humboldt in Netz*, 2002, 5, pp. 52-75.

205. Humboldt, *op. cit.*, p. VI.

206. *Ibídem*, p. 58.

expresa aquí un relativismo absoluto, que ponga a todas las culturas en un pie de igualdad. Sus preferencias son claras pero propone considerar a las culturas de los otros por sí mismas. En sus comentarios sobre el *Codex Mendoza*, Humboldt concluye: "es una idea bella y fecunda el considerar que todos los pueblos de la tierra pertenecen a la misma familia, y reconocer, en los símbolos chinos, egipcios, persas y americanos, el tipo de un idioma de signos que es común, por así decir, a toda la especie, y que es el producto natural de las facultades intelectuales del hombre".[207]

El impulso ilustrado de atreverse al conocimiento de todas las cosas también se mostró interesado por el antiguo Egipto. Podemos calibrar ese interés a partir de las páginas dedicadas al asunto en la *Encyclopédie* (1751-1772), pero nos remontaremos algo más atrás para indagar el mismo asunto en la *Cyclopaedia*, que Ephraim Chambers publicó en Londres en 1728 e inspiró el esfuerzo de Diderot y D'Alembert en Francia.[208] La voz *"Egyptians"* en el primer volumen de la obra de Chambers no contribuye a nuestros propósitos. De hecho, trata únicamente de los "gitanos" [*gypsies*], término despectivo con el que se denominaba a los Rom desde inicios del siglo XVII, pues se suponía que provenían del país del Nilo. En todo caso, Chambers afirma que el origen de esa "tribu" es "oscuro", pero sostiene que los egipcios antiguos tenían "el carácter de grandes tramposos y eran célebres por [...] sus imposturas. [...] O bien en tanto los antiguos egipcios eran muy versados en astronomía, que en estos días es poco más que astrología, el nombre fue adoptado por estos *diseurs de bonne avanture*, como los franceses llaman a los adivinadores".[209]

En la *Encyclopédie* el horizonte cambia. En la entrada *"Egypte"*, se menciona que en el pasado había sido un país admirado por sus maravillas.[210] *"Egyptiens"* (voz escrita por Diderot), en cambio, se abre con una reflexión sobre el "caos" de la historia egipcia, como resultado de la "oscuridad y confusión de "la cronología, la religión y la filosofía". Se afirma que quisieron "pasar por el pueblo más antiguo de la tierra y le

207. *Ibídem*, p. 284.
208. Chambers, Ephraim, *Cyclopaedia: or, an Universal Dictionary of arts and Sciences*, Londres, D. Midwinter et al, 1741 [1728]; Diderot, Denis, y D'Alembert, Jean le Rond, *Encyclopédie, dictionnaire raisonné des sciences, des arts et des métiers, par une société de gens de lettres*, París, Briasson et al, 1751-1772.
209. Chambers, *op. cit.*, vol. I, "Egyptian".
210. Diderot y D'Alembert, *op. cit.*, 5:434.

dieron mucha importancia a sus orígenes. Sus sacerdotes eran celosos de conservar la veneración que se les tenía y transmitieron al conocimiento del pueblo solo la vana y pomposa exhibición de su culto. La reputación de su pretendida sabiduría se hizo tanto mayor cuanto más la convirtieron en un misterio". Se afirma que tuvieron "reyes, gobierno, leyes, ciencias, artes" antes de tener escritura y que los jeroglíficos se inventaron cuando se temió que todo lo anterior se corrompiera. Pero comprender ese sistema de escritura no era sencillo, tal conocimiento se perdió y "se hicieron esfuerzos para encontrarlo de nuevo", lo que "dio lugar a una increíble multitud de opiniones y de sectas". Los historiadores aspiraron a describir las cosas con imparcialidad, pero "Egipto se había convertido en un enigma casi indescifrable, incluso para los egipcios": el significado de los jeroglíficos siguió siendo oscuro, el motivo por el cual se levantaron las pirámides dejó de recordarse, la cronología se volvió confusa. Pese a ello, los sabios de todo el mundo fueron discípulos de los sacerdotes egipcios: "Moisés, Orfeo, Lino, Platón, Pitágoras, Demócrito, Tales, en una palabra todos los filósofos de Grecia".[211] Tras muchas disquisiciones respecto de las deidades de los egipcios y su equivalencia con dioses griegos, se agrega a aquella lista la figura de Hermes Trismegisto, "el tercer fundador de la sabiduría de los egipcios", a quien "el pueblo colocó entre los dioses y lo adoró".[212] Diderot opinaba que "no había suelo en la superficie de la tierra más favorable a la superstición que Egipto", lo que en parte se debía al sucederse benéfico de las crecidas del Nilo, que llamaba a tales explicaciones. Además, aunque acusaba a los sacerdotes de abusar de su posición para aprovecharse de los homenajes que se hacían a los diferentes dioses y garantizar, también, que sus hijos fueran sus sucesores, no dejó de describir en detalle sus costumbres, prácticas y creencias.[213] Diderot se mostraba interesado en estudiar las "antigüedades egipcias y los autores que escribieron sobre la teología y la filosofía de los egipcios", pero afirmaba que la gran mayoría de los vestigios había desaparecido con la destrucción de la biblioteca de Alejandría y que buena parte de lo que sobrevivía era apócrifo. El artículo se cerraba con una descripción de la *Mensa Isíaca* y de las interpretaciones que de ella

---

211. *Ibídem.*
212. *Ibídem*, 5:435.
213. *Ibídem*, 5:436-7.

hicieran Bembo, Pignoria y Kircher: "es una pieza admirable, que obliga a dejar a los modernos sólo aquello que no puede atribuirse a los antiguos".[214] La cuestión de los jeroglíficos también había llamado la atención de Chambers, quien los definía como "símbolos o figuras místicas usados por los antiguos egipcios para cubrir u ocultar los secretos de su teología". Se trata, entonces, de "emblemas o signos de cosas divinas, sagradas o sobrenaturales", que se distinguen de los "símbolos comunes, que son signos de cosas sensibles y naturales". Hermes Trismegisto reaparece en esta definición, como el inventor de los jeroglíficos, que se habrían transmitido de la teología pagana a la judía y la cristiana.[215] El artículo "Écriture des Egyptiens" de la *Encyclopédie*, redactado por Jaucourt, distingue dos especies diferentes de escritura en ese ámbito, siguiendo la obra de William Warburton: la "jeroglífica" (dividida en propiamente "jeroglífica" y "simbólica") y la formada por letras alfabéticas (a su turno clasificada en "hierogramática" y "epistolar").[216] Los sacerdotes se habían reservado para sí la porción fundamental de la escritura jeroglífica, "destinada a los secretos de la religión y por ende diferente de la escritura ordinaria".

Los monumentos egipcios llamaron la atención de Chambers y los autores de la *Enciclopedia*. En el primer caso, el artículo *"Pyramid"* refería, "en arquitectura", a un "edificio sólido masivo que desde una base cuadrada o triangular, se eleva y angosta hasta un punto o *vortex*". Se describen varios monumentos de esta clase y, finalmente, se afirma que "entre los egipcios, la pirámide fue un símbolo de la vida humana, cuyo inicio se representa por la base y el fin por el ápice; y es por ello que se erigían sobre los sepulcros [según] Heródoto".[217] La *Cyclopaedia* abordaba también los obeliscos, "una pirámide cuadrangular, muy delgada y alta, erigida como ornamento en algún lugar público y frecuentemente cargada con inscripciones y jeroglíficos". Según Chambers, "los sacerdotes egipcios llamaron a sus obeliscos *dedos del sol*, pues se utilizaban al modo de un gnomon para marcar las horas sobre el suelo; los árabes todavía las denominan *agujas del Faraón*". Se presume que estos monumentos

---

214. *Ibídem*, 5:438.

215. Chambers, *op. cit.*, vol. I, "Hieroglyphic".

216. Warburton, William, *The Divine Legation of Moses Demonstrated in Nine Books*, Londres, 1737-41. Diderot y D'Alembert, *op. cit.*, 5:360-1.

217. Chambers, *op. cit.*, vol. II, "Pyramid".

son muy antiguos y se utilizaban "para transmitir a la posteridad los principales preceptos de la filosofía, grabados en caracteres jeroglíficos". El primero de esos objetos habría sido encargado por "Ramsés, rey de Egipto, en tiempos de la guerra de Troya".[218]

Respecto de las pirámides, Diderot sostenía, en "*Egyptiens*", que "lejos de eternizar el orgullo o la estupidez de estas gentes, son monumentos a su prudencia y al precio inestimable que dieron a la conservación de sus conocimientos", ya que resistieron el paso del tiempo y solo fueron dañados "por la barbarie de los hombres".[219] En un artículo dedicado específicamente a las pirámides egipcias, Jaucourt citaba a Plinio (XXXVI.16) y las definía como una "ostentación ociosa y estúpida del dinero de los reyes" pues, aunque se trataba de obras de arquitectura prodigiosas, son inútiles. Sin embargo, eran los monumentos más famosos de la antigüedad, por lo que "todos los historiadores han hablado de ellos con admiración". Para Jaucourt, los sabios antiguos, de Diodoro Sículo a Estabón, incluidos los árabes, sostenían que las pirámides eran sepulcros. El redactor de la voz *Pyramides* descarta como explicaciones secundarias que se hayan mandado construir por pura tiranía o para mantener ocupados a los súbditos y sostiene que se explican por "la teología de los egipcios", quienes creían que el alma quedaba unida al cuerpo mientras este se conservara íntegro, de ahí el embalsamamiento y la necesidad de preservar las momias. En cualquier caso, todavía hoy "causan la admiración del universo entero". Se describe la estructura de las pirámides y la articulación de cámaras y pasadizos. Por medio de diversas fuentes, antiguas y modernas, se estiman las dimensiones, la cantidad necesaria de personas para construirlas y el tiempo insumido por la empresa.[220] Sobre los obeliscos, el propio Jaucourt escribió un texto que sigue en principio la definición de Chambers, tanto respecto de sus características físicas cuanto en lo referente a su función de conservación de la sabiduría egipcia merced a los jeroglíficos. "En una palabra —afirma Jaucourt—, los obeliscos nos han dejado vestigios asombrosos de la opulencia de los reyes de Egipto".[221] Al tratar de las pirámides, Jaucourt mencionaba la esfinge, sus características y dimen-

218. Chambers, *op. cit.*, vol. II, "Obelissk, Obeliscus".

219. Diderot y D'Alembert, *op. cit.*, 5:436-7.

220. Diderot y D'Alembert, *op. cit.*, 13:596-599.

221. *Ibídem*, 11:298-300.

siones, pero luego le dedicó un artículo específico, donde la definía como
un "monstruo fabuloso, al que los antiguos solían dar rostro de mujer con
cuerpo de león acostado". Tras una descripción de los mitos y leyendas
atribuidos a ella en la tradición clásica, sostenía que "nada es más común
que la figura de una esfinge con o sin alas en los monumentos egipcios.
Plutarco dice que se colocaban esfinges en sus templos para mostrar que
la religión egipcia era completamente enigmática". Sin embargo, define
a "los oráculos que los egipcios hacían pronunciar a su famosa esfinge"

Antiquités Babyloniennes et Egyptiennes.

FIGURA 35

como "una invención fraudulenta de sus sacerdotes".[222] Estas páginas
se acompañan con un grabado, obra de Robert Bernard, que reproduce
las "antigüedades babilónicas y egipcias". En el cuadrante inferior,
observamos la imagen de las tres pirámides de Guiza y la esfinge, con
proporciones algo extrañas y un tamaño relativo reducido en relación
con las personas ubicadas por el artista a su alrededor (**fig. 35**).[223]

Queda por último la cuestión de las momias y embalsamamientos.
Para Chambers, una momia "no es la carne del muerto, sino la composición con la que fue embalsamado, pero en el habla común se usa *momia*
para referirse al cuerpo". Remonta la preparación de las momias a una
antigüedad remota: "Egipto antes de los tiempos de Moisés". Se refiere
también al material de los ataúdes: "madera de sicómoro, que se conserva
por tres mil años". Por último, Chambers describe otro significado de
"momia": una preparación medicinal que, se supone, proviene de los
cuerpos embalsamados y se usa para curar diversas afecciones.[224] Por
otra parte, en el artículo sobre embalsamamiento, nuestro autor refiere
las posibles formas de preparación de las momias egipcias y traza un
paralelo con las momias peruanas, como las había descripto Garci-
laso de la Vega Inca.[225] El artículo sobre los embalsamamientos en la
Encyclopédie fue escrito por el propio Diderot. Considera el autor que
varios pueblos antiguos practicaban tal arte, pero era más común entre
los egipcios. Cita profusamente la descripción que Heródoto hizo del
proceso de momificación y la complementa con observaciones críticas
y opiniones adicionales. Diderot coincide en que los ataúdes estaban
hechos "de sicómoro de una sola pieza, ahuecado con una herramienta,
y solo puede ser el tronco de un árbol muy grande".[226]

Anne Claude de Tubières-Grimoard de Pestels de Lévis, conde de
Caylus (1692-1765), también merece lugar en nuestra historia. Además
de noble, rico y coleccionista de objetos antiguos, fue un importante
anticuario y grabador. Tras una temporada en el ejército, entre 1709

222.*Ibidem*, 15:460.
223.Kafker, Frank A., Pinault-Sørensen, Madeleine, "Notices sur les collaborateurs du recueil
   de planches de l'*Encyclopédie*", *Recherches sur Diderot et sur l'Encyclopédie*, n° 18-19,
   1995, pp. 200-230, p. 204.
224.Chambers, *op. cit.*, vol. II, "Mummy".
225.*Ibídem*, vol. I, "Embalming".
226.Diderot y D'Alembert, *op. cit.*, 5:552-3.

y 1714, y una serie de viajes que lo llevaron a Italia, Grecia, Medio
Oriente y Alemania, ingresó a la *Académie royale de peinture et de
sculpture* y de la *Académie des Inscriptions et Belles-Lettres*. Caylus
era un amateur aristocrático y uno de sus objetivos era reorganizar las
antigüedades del patrimonio real: muchos de sus contemporáneos, entre
ellos Diderot y Wincklemann, rechazaron sus aproximaciones, pese a lo
cual varios especialistas afirman que realizó contribuciones apreciables.[227]
Sus intereses eran muy amplios, iban desde la pintura francesa hasta las
antigüedades griegas, romanas, etruscas, egipcias y galas, sobre las que
publicó, entre 1756 y 1767, su *Colección de antigüedades...*, en siete
volúmenes ricamente ilustrados por el propio autor.[228]

El punto de partida de esa obra era la colección de Caylus, un interés
expandido a otros conjuntos de antigüedades, sobre los que el autor dictó
decenas de conferencias en la *Académie des Inscriptions...*[229] Esto des-
embocó en que el libro tuviera una estructura algo caótica, pues algunos
objetos se describían cuando llegaban a la atención del autor en lugar de
ordenarse a partir de un criterio cronológico o estilístico. Así, cada uno
de los volúmenes de su obra contiene reproducciones de antigüedades de
varias civilizaciones. Tal vez por eso, no parece haber en el conjunto un
marco cronológico integral o sistemático. De hecho, Caylus se resistía
a proponer teorías generales: "el anticuario debe rehuir cualquier tipo
de sistema: los considero una enfermedad del espíritu".[230] Sin embargo,
merece destacarse su interés por objetos que en principio podrían haberse
considerado insignificantes, alejados de los grandes monumentos de la
antigüedad, algo que se explica por su convicción de que esos artefactos
podrían ofrecer evidencias sobre "el progreso y los recursos del espíritu
humano" y contribuir a ilustrar los estadios por los que los seres humanos
habían alcanzado determinadas condiciones materiales.[231]

Caylus asignaba a los egipcios una precedencia destacada, como
fuente del arte y de la sabiduría. Incluso, reprochaba a los griegos, que

227. Pomian, Krzysztof, "Maffei et Caylus", en *Collectionneurs, amateurs et curieux, Paris,
Venise: XVI-XVII siècle*, París, 1987, pp. 195-211; Haskell, *op. cit.*, pp. 171 y ss.

228. Caylus, Anne Claude de, *Recueil d'Antiquités Égyptiennes, Étrusques, Grecques et
Romaines*, I–VII, París, 1752-1767.

229. Caylus, *op. cit.*, VII, p. XV.

230. Caylus, *op. cit.*, III, p. XI.

231. Caylus, *op. cit.*, I, p. 101.

de todas maneras eran "la nación más digna de amor que ha habitado la tierra", su ingratitud por no haber sabido reconocer su deuda con Egipto.[232] De todas maneras, también estaba bien dispuesto a censurar algunas características de esta civilización, en tanto se trataba de una sociedad "llena de supersticiones y dominada por el clero", en la que no se concedía libertad a los artistas.[233] Caylus era crítico del gobierno egipcio, de la superstición, de lo que consideraba el dominio general de los sacerdotes sobre la sociedad, de "su constitución y sus leyes". Creía que se trataba de un pueblo "sumiso y perezoso", pero feliz porque se limitaba a la satisfacción de las necesidades básicas.[234] Además, como bien destacó Francis Haskell, Caylus se interesaba mucho por las evidencias de relaciones entre las culturas del pasado, por lo que buscaba detectar en los restos materiales (cerámicas, terracotas, bronces) características que pudieran dar testimonio de intercambios entre diferentes partes de la Galia o entre Egipto y los etruscos, Egipto y la India, Egipto y China.[235] Las imágenes compiladas por Caylus incluían una importante cantidad de reproducciones de jeroglíficos e inscripciones.

Otro aspecto importante de la producción académica dieciochesca en relación con el antiguo Egipto fue un intento por desmentir la idea renacentista de que los monumentos egipcios exhibían símbolos ocultos, de características herméticas, de manera que se confirmaba que la figura de Hermes Trismegisto no era más que un mito. Así, por ejemplo, Georg Zoëga, un arqueólogo danés protestante que produjo un catálogo de los monumentos egipcios de Roma por solicitud del papa Pío VI, afirmaba que los recursos disponibles entonces (1797) no permitían descifrar los jeroglíficos, pero rechazaba que contuvieran símbolos esotéricos:

> "Revisar los monumentos egipcios que conocemos, ordenados en clases, declarar su edad, la razón de su simbolismo y el método artístico encontrado en cada uno, explicar el origen de los caracteres jeroglíficos, anotar su número, tipos y variedades, definir los diversos métodos de escritura que usaban los egipcios y describir sus vicisitudes: esto es casi todo lo que conocemos ahora y que

---

232. Caylus, *op. cit.*, I, pp. 3, 117-8; II, p. 43; III, p. 2; V, pp. 90, 127; VI, p. 119; VII, pp. 150-1.

233. Caylus, *op. cit.*, I, p. 12.

234. Caylus, *op. cit.*, VI, 2.

235. Caylus, *op. cit.*, II, pp. 398-9; III, pp. 34, 69; IV, p. 106, VI, p. IX.

un intérprete de la antigüedad egipcia puede lograr con cierta probabilidad. [...] Tal vez algún día pueda leer los jeroglíficos y los monumentos egipcios más secretos."[236]

Para Zoëga, los jeroglíficos conforman "ciertas combinaciones de signos y símbolos, imitaciones de cosas concebidas por el pensamiento, que, dispuestas individualmente en secciones o versos a la manera de las letras, expresan los sentimientos de la mente, la serie de hechos e ideas". En consecuencia, "conviene considerar el significado de los jeroglíficos tanto a partir de las figuras de los caracteres cuanto a partir de su orden", de modo que en todos los monumentos egipcios "estas figuras, unidas y conectadas las unas con las otras por acción o disposición, expresan algún hecho histórico, mítico o alegórico".[237]

De acuerdo con Emanuele M. Ciampini, la aproximación de Zoëga a los obeliscos conservados en Roma buscaba sobre todo comprender la naturaleza de esos monumentos en el marco del mundo antiguo en general y de la cultura faraónica en particular.[238] No le interesaban las teorías filosóficas o herméticas respecto de esas piezas, sino el conocimiento de ellas como evidencia de una civilización pasada y de sus conexiones con el presente. Con ese propósito, Zoëga se aproxima tanto a las fuentes antiguas que describen los obeliscos cuanto a los monumentos efectivamente conservados en Roma, y presta particular atención a sus características formales y materiales, que el autor intenta vincular con los distintos períodos de la historia egipcia y de los momentos en que esos objetos fueron apropiados, transportados y reutilizados. "Estos monumentos no son ya expresión de una sabiduría esotérica, sino vestigios de una civilización antigua, con su propio significado".[239]

Por otra parte, Zoëga compartía con Piranesi una concepción particular del arte egipcio. A diferencia de Winckelmann, quien lo definía como una expresión inferior y preliminar del desarrollo artístico, que tenía interés histórico mas no estético, el Danés y el Italiano reivindicaban

---

236. Zoëga, Georg, *De origine et usu obeliscorum*, Roma, Lazzarini, 1797, p. VI; cf. Iverson, *op. cit.*, pp. 100-101 y 118-20.

237. Zoëga, *op. cit.*, pp. 438-439.

238. Ciampini, Emanuele M., "*De origine et usu obeliscorum*: Some Notes on an Eighteenth-century Egyptological Study", en Karen Ascani, Paola Buzi and Daniela Picchi (eds.), *The Forgotten Scholar: Georg Zoëga (1755–1809) at the Dawn of Egyptology and Coptic Studies*, Leiden y Boston, Brill, 2015, pp. 185-191.

239. *Ibidem*, p. 190.

la falta de gracia y la estilización de los egipcios como manifestaciones originales de su carácter arquitectónico ornamental.[240] Piranesi destacaba también la gravedad, la sabiduría y la modificación de las partes. El análisis histórico de Zoëga destacaba las diferencias entre las producciones helenísticas y los originales egipcios, al tiempo que demostraba que el arte egipcio también había experimentado transformaciones de estilo a lo largo del tiempo.

Historiadores de la ciencia y epistemólogos han discutido largamente si el conocimiento avanza a partir de un proceso acumulativo o de uno discontinuo, incluso se han preguntado si depende más bien de hechos azarosos e impredecibles, de manera que convendría abordarlo más por medio de la genealogía que de la historia. El siguiente episodio de nuestro relato merece un lugar destacado en los argumentos de quienes favorecen la vía de lo inesperado. En 1799, Pierre-François Bouchard, un oficial del ejército de Napoleón que había invadido Egipto, encontró una estela en la margen occidental del Nilo cerca del puerto de Rosetta (hoy Rashid). En un informe leído el 19 de julio de ese año ante el recientemente fundado *Institut d'Égypte*, Michel Ange Lancret reconoció que los tres bloques de texto inscriptos en el objeto, uno en jeroglíficos, el segundo en demótico y el tercero en griego antiguo, eran en realidad versiones del mismo texto. En 1801 las tropas francesas fueron vencidas por británicos y otomanos en Alejandría y la Piedra Rosetta cambió de manos: se exhibe desde 1802 en el Museo Británico. Ya para entonces habían comenzado a circular varias copias de los textos (dos litografías hechas en Egipto llegaron a Francia en 1801) y había comenzado el intento de descifrarlos.[241]

En 1802, Stephen Weston presentó una traducción del texto griego ante la Sociedad de Anticuarios de Londres; Silvestre de Sacy y Johan

---

240. Piranesi, Giovanni Battista, *Diverse maniere d'adornare i cammini*, Roma, 1769, prefacio; Iversen, *op. cit.*, 192; Haslund Hansen, Anne, "The Selection and Use of Egyptian Antiquities in Piranesi's *Diverse maniere*", en Miguel John Versluys (ed.), *Beyond Egyptomania... op. cit.*, pp. 151 y ss.

241. La bibliografía al respecto es interminable. Algunos buenos puntos de partida son Buchwald, Jed Z., y Diane Greco Josefowicz, *The Riddle of the Rosetta: How an English Polymath and a French Polyglot Discovered the Meaning of the Egyptian Hieroglyphs*, Princeton, Princeton University Press, 2020; Solé, Robert y Valbelle, Dominique (eds.), *La Pierre de Rosette*, París, Seuil, 1999; Parkinson, Richard, *The Rosetta Stone*, Londres, British Museum, 2012; Ray, J. D., *The Rosetta Stone and the Rebirth of Ancient Egypt*, Cambridge, Harvard University Press, 2007.

David Åkerblad intentaron sin éxito traducir el texto demótico; lo mismo ocurrió con los esfuerzos de Nils Guðtaf Palin ante los jeroglíficos. Pasaron algunos años haðta que, en 1814, Thomas Young, un inglés que había eðtudiado en Edimburgo y Göttingen, pero por entonces trabajaba en la Royal Society, halló similitudes entre esos caracteres y los del texto demótico. En 1819, Young publicó un artículo en la *Encyclopaedia Britannica*, donde identificaba correctamente casi cuarenta caracteres jeroglíficos (aunque también erró en muchos otros y no interpretó la gramática). Fue finalmente Jean-François Champollion (1790-1832), quien logró recrear la gramática egipcia antigua. El francés compiló una tabla de correspondencias entre los tres textos de la Piedra Rosetta. Identificó 486 palabras griegas y 1419 jeroglíficos, de manera que no podía tratarse de ideogramas y al menos algunos símbolos tenían que ser fonéticos. Fue en 1822 cuando logró demoðtrar ese hallazgo, en un texto que presentó ante la *Académie des inscriptions et belles-lettres* en septiembre de 1822 y publicó, un més más tarde, con el título de *Lettre a M. Dacier secrétaire perpétuel de l'Académie royale des Inscriptions et Belles-Lettres, relative à l'alphabet des hiéroglyphes phonétiques.*[242] Siguió la inevitable disputa respecto no solo del éxito de Champollion en su empresa, sino también sobre la atribución del hallazgo principal a él o a Young.

Más allá de esas discusiones, entre 1823 y 1824 el Francés publicó una serie de libros sobre los dioses egipcios, titulada *Panthéon Égyptien*, a la que siguió, en el mismo 1824, el *Précis du syðème hiéroglyphique des anciens Égyptiens*, donde describía sus hallazgos sobre los jeroglíficos. Champollion fue designado curador de la colección egipcia del Louvre en 1826, participó de una expedición arqueológica al país del Nilo en 1828-1829 y recibió la cátedra de Hiðtoria y Arqueología Egipcia del Collège de France en 1831, pero murió unos pocos meses después. La egiptología moderna había comenzado.

---

242. Champollion, Jean-François, *Lettre ad M. Dacier...*, Paris, 1822, reimpresión facsimilar con postfacio de H. W. Miller, Aalen, 1962.

⁂ Conclusiones ⁂

L os períodos renacentista y barroco de la ciencia histórica interesada en el Egipto antiguo se caracterizaron por iniciar y desarrollar un proceso de diferenciación de la cultura egipcia respecto de las muy frecuentadas culturas greco-romanas. El conocimiento de estas civilizaciones se asentó en una idea nueva del pasado remoto del Mediterráneo, que fue analizado y reconstruido como un tiempo radicalmente distinto de aquel presente. Su historiografía, realizada entre los siglos XV y XVIII, alcanzó así una coherencia epocal, una riqueza distintiva de períodos y estilos en los campos de la política, de las artes o las letras, y un grado de sistematicidad filológica y anticuaria sobre los cuales se elevó la ciencia histórica moderna a partir del siglo XIX. Esas formas del saber aún constituyen las bases de nuestros conocimientos actuales sobre la Antigüedad greco-romana.

Si bien las fuentes clásicas acerca de la historia de Egipto aumentaron en número debido a los hallazgos de textos griegos y latinos, que tuvieron lugar en aquella etapa, y esos mismos textos fueron objeto de ediciones muy precisas, dotadas de grandes aparatos eruditos, creció en tiempos del Renacimiento y del Barroco la conciencia de que una historia veraz de la tierra de los faraones exigía la construcción de un campo nuevo y autónomo. Y esa conciencia se asentó, cada vez con mayor fuerza a medida que los europeos viajaron al cercano oriente o a Egipto en particular, sobre la visión, la descripción y el análisis de los monumentos del Nilo (vale decir, una nueva arqueología acompañada por un nuevo anticuariado), al mismo tiempo que exigía un acceso confiable a los textos egipcios, grabados en las piedras de tumbas y templos o encontrados en inscripciones sobre objetos y sobre los primeros papiros en circulación entre los europeos. Es decir, se hacía imperioso un desciframiento de las escrituras jeroglíficas y demóticas cuyas claves se habían perdido un milenio atrás.

Pero he aquí que, en los trescientos años corridos del 1450 al 1750, la idea persistente de una escritura simbólica y secreta en el caso de los jeroglíficos bloqueó cualquier avance racional en la búsqueda de principios lingüísticos y filológicos sobre los cuales construir un programa de desciframiento. En los términos de Gastón Bachelard, acuñados en 1938 en su *La formación del espíritu científico*, aquella creencia en el carácter simbólico del sistema jeroglífico fue un "obstáculo epistemológico" vigente a lo largo de los tres siglos de la modernidad temprana. Sólo las intuiciones de William Warburton a mediados del siglo XVIII y el trabajo de Jean-François Champollion a comienzos del XIX mostraron la fertilidad de dos hipótesis nuevas, opuestas a cualquier secretismo: 1) la jeroglífica y la demótica eran básicamente escrituras fonéticas; 2) debía de haber cierto parentesco entre la lengua antigua así escrita y alguna lengua posterior, por ejemplo, el copto, que aún se hablaba y se habla en la tierra de Egipto. Esos hallazgos abrieron, sin dudas, una nueva era de egiptología científica. No clausuraron, sin embargo, una egiptomanía hermética y fantástica que, todavía hoy, goza de buena salud.

→꒒ Apéndice ꒒←

Egipto en el diario de Santiago Antonini: notas preliminares

por Diego M. Santos,
Universidad Pedagógica Nacional

En el Complejo Museográfico Provincial "Enrique Udaondo",[1] en Luján (Provincia de Buenos Aires), se preserva el único texto que atestigua una aproximación local a un antiguo Egipto previo al desciframiento de las escrituras jeroglífica e hierática, leídas por primera vez por J. F. Champollion a lo largo de la década de 1820, hallazgo difundido en su gramática (1836) y diccionario (1842) póstumos, cuya recepción se concretará en la segunda mitad de ese siglo. Se trata del diario del relojero piamontés Santiago Antonini (1768-1831), que llegó a Buenos Aires desde Cádiz, casado y con un hijo, en 1792. Acusado, detenido y torturado en la llamada "Conspiración de los franceses" (1795), su situación mejoraría más tarde: fue enviado por Liniers a los Estados Unidos en 1807. Comenzó entonces un largo periplo por varios continentes –que aquí debemos dejar de lado– hasta su regreso definitivo en 1823,[2] cuando reasumió su trabajo como relojero en Buenos Aires hasta su muerte en 1831.[3] No sabemos si su experiencia por el área menfítica se tradujo de alguna manera en su ciudad adoptiva o si algún objeto antiguo lo acompañó hasta el Río de la Plata.

---

1. Agradecemos a Archivos y Bibliotecas del Museo el envío de la transcripción que citamos. La misma fue preparada por Antonio Sicca, transcripta por Lucas Mallol y corregida por Mariana Luchetti.

2. *El Argos*, 12 de febrero de 1823, nro. 13, p. 1, al final.

3. El diario se conoce desde la década de 1930, v. Caillet-Bois, R., "La misión de Antonini en 1808", *Boletín del Instituto de Investigaciones Históricas*, 15, nro. 53 (jul.-sep.), 1932, pp. 199-204, pero nadie reparó en su viaje a Egipto; también Caillet-Bois, R., *Ensayo sobre El Río de la Plata y la Revolución Francesa*, Buenos Aires, 1929; Lewin, B., "La 'Conspiración de los franceses' en Buenos Aires (1795)", *Anuario*, IV, 1960, pp. 39 y ss.; Richieri, A., "Descendientes directos del General Pueyrredón: Los Pelliza y los Antonini", *Genealogía*, 21, 1985, pp. 19-38. .

Aprovechamos este espacio para, por generosa indicación de los autores del libro, describir brevemente las páginas del diario destinadas a Egipto y señalar el interés que presenta su futura edición.

El diario fue redactado en un castellano correcto, aunque no desprovisto de italianismos. Es evidente que Antonini usa el italiano en otras circunstancias, por lo cual la lengua del diario debe responder al hecho de que se imaginaba lectores hispanohablantes. Fue redactado luego de los acontecimientos que describe: la referencia a la muerte de Burckhardt (a la que volveremos enseguida) revela que no fue compuesto *in situ*, aunque no sabemos dónde lo escribió. Es clara también la intención de describir los vestigios del pasado de Egipto y del Levante, que ocupa la mayoría de las páginas. La primera parte del diario es mucho más escueta, aunque en ella también ocupa el mayor espacio, por ejemplo en la península itálica, para describir sitios arqueológicos.

Antonini llegó a Egipto el 15 de noviembre de 1816 y permaneció allí hasta el 19 de marzo de 1817. Se aprecia en su relato el tiempo que dedicó a visitar monumentos, tarea en la que ocupó la mayor parte de sus días. Visitó y describió Alejandría, ciudad a la que volvería, antes de viajar a un Cairo donde solo parece interesarle los vestigios del pasado faraónico y veterotestamentario.[4] Recorrió diversos sitios cercanos a esta ciudad, especialmente las necrópolis de Guiza (en más de una oportunidad) y Saqqara; también antiguas ciudades como Heliópolis.

El piamontés conoció a algunos personajes relevantes en el temprana exploración de los monumentos de la región, varios relacionados a los cónsules francés Bernardino Drovetti (1776-1852) e inglés Henry Salt (1780-1827),[5] e influyentes en la corte de Muhammad Ali, como por ejemplo Johann Ludwig Burckhardt (1784-1817),[6] dos de los compañe-

---

4. Tanto en Egipto como en el Levante, es claro su interés por los sitios que identifica como aquellos mencionados en Génesis, Éxodo o el Nuevo Testamento.

5. En El Cairo, en diciembre de 1816, Antonini fue testigo del transporte del fragmento de coloso de Ramsés II conocido como *Younger Memnon*, hoy en el Museo Británico: "apenas llegados al Cayro, que encontramos al viceconsul yngles que bajava del alto egipto, venía da Tebes, trahia con sigo una Caveza colosal muy diforme de màrmol gris".

6. "(T)ambien encontré ha otro S[eñ]or Suizo que viaja por cuenta de una compañía ynglesa hace 12 años que està en estos países, abla muy bien el arabo y el turco, su edad es de 35 años, hace poco que viene de lameka, aquí lo llaman schek ybrain, murió el 11 de noviembre de 1817, en una mosquea [?] del Cayro, en un accidente; como el se havia echo turco en apariencia lo enterraron como tal". Burckhardt murió el 15 de octubre de 1817 a los 32 años, pero en general la descripción de Antonini es correcta.

ros de Domingo Badía (1767-1818), Giovanni Baffi,[7] el cónsul español
José Camps y Soler (1775-1841), el capitán Giovanni Battista Caviglia
(1770-1845). Antonini visitó las excavaciones de este último en Guiza
los días 18 y 19 de febrero de 1817. Describió y dibujó sus hallazgos en
la Gran Pirámide. Nótese que cuando Antonini visitó por primera vez la
Gran Pirámide (22 de octubre de 1816), la cámara inferior no había sido
descubierta y, por lo tanto, no la dibujó (**fig. 36**).

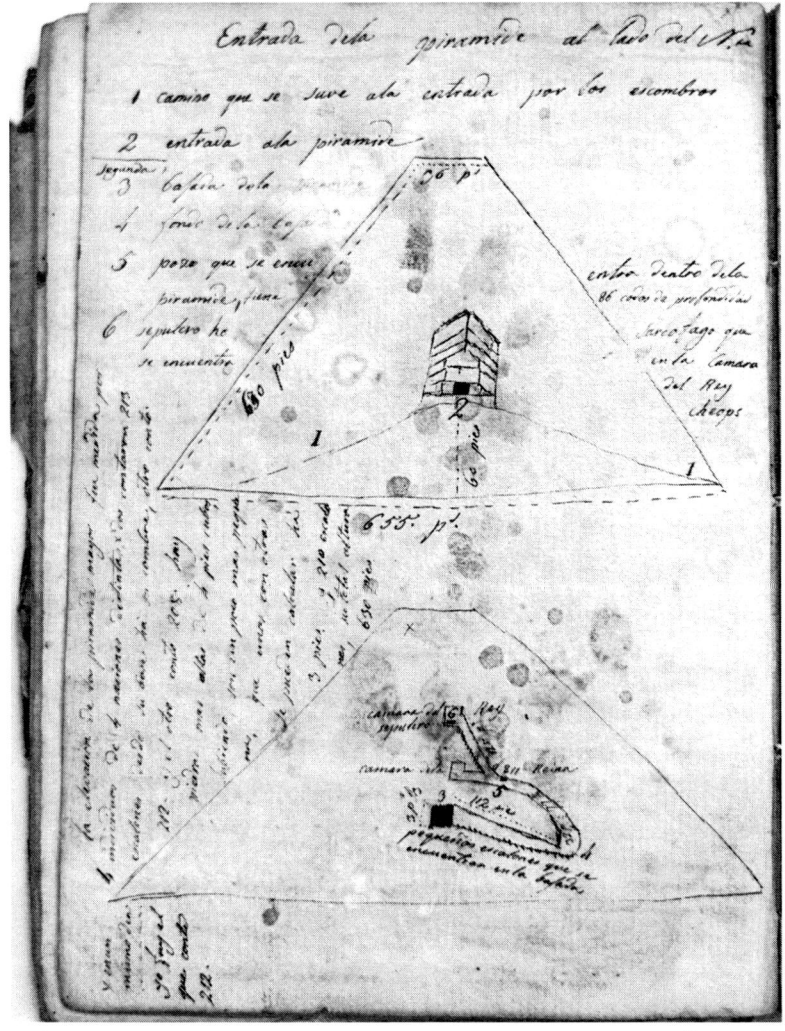

Figura 36

7.   Bret, P.. "Gunpowder manufacture in Cairo…", en Buchanan, B.J., *Gunpowder, Explosives and the State. A Technological History*, Londres, Routledge, 2006, pp. 218-221 y 228, n. 53.

En su visita del 18 de febrero, volvió a dibujar la pirámide con la nueva cámara descubierta por Caviglia (**fig. 37**).

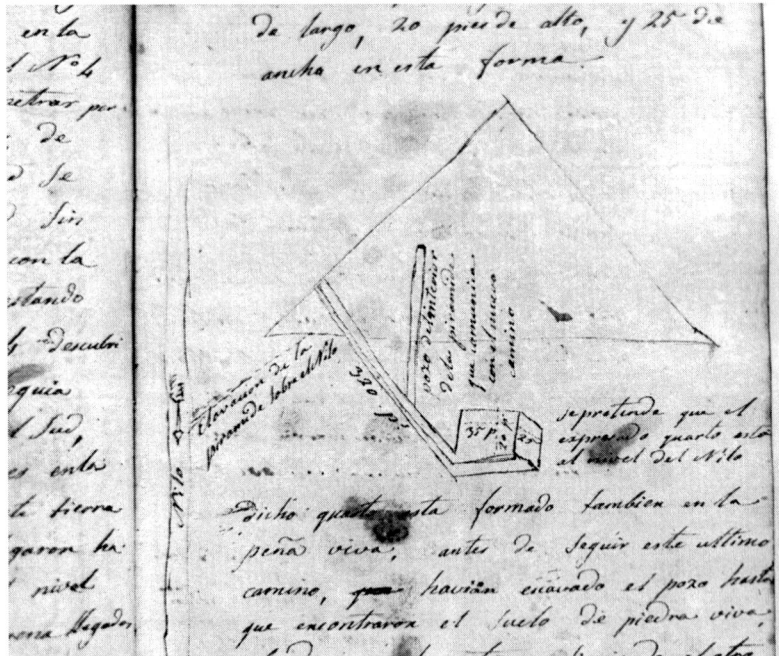

FIGURA 37

Un punto interesante es la visita de Antonini al Nilómetro de la Isla de Roda ("Rouda", pronunciando /w/ en árabe clásico *Rawḍah*) "encompañia del Caballero Dusap", quien seguramente no es otro que Charles Dussap, enfermero de la expedición de Napoleón que permaneció en El Cairo como médico, posterior simpatizante del sansimonianismo, casado con una mujer africana esclavizada que él mismo liberó.[8] La dinámica de los esclavos en su casa fue descripta para la década de 1830. Antonini conoció a aquella Halimeh, esposa de Dussap.[9] El dato es interesante, especialmente puesto en relación con las acusaciones de 1795.

---

8. Ragan, J.D., *Forgotten Saint-Simonian Travelers in Egypt*, Cairo, American University in Cairo, 2025, esp. Parte 1 y 2; Volait, M., *Antique Dealing and Creative Reuse in Cairo and Damascus 1850-1890*, Leiden, Brill, 2021, p. 219 y n. 117.

9. En una cuenta al final del diario, indica que "id[em] vendi un chal al S[eñ]or Dussap en ps -18 / id[em] con chal lo regalè ala dueña de casa".

Hay en el texto de Antonini diversas referencias literarias clásicas,[10] ninguna de ellas explícita. ¿Son lecturas de Antonini o referencias de sus interlocutores? Por ejemplo, al describir la Gran Esfinge en Guiza y notar el orificio en la parte superior de su cabeza, el piamontés escribió que "eſte agujero parece que antiguamente era un pozo, algunos dicen que Amasís Rey de Egipto, fue enterrado dentro de eſte moſtruo, otros dicen que por eſte agujero los clerigos de Egipto hacían ablar los oráculos". El "algunos dicen" es una cita de Plinio el joven, *Hiſt. Nat.* xxxvii, 77, xvii (*Harmain regem putant in ea conditum et volunt invectam videri*). En eſte pasaje Harmais es seguramente una reminiscencia del griego Ἁρμάχις, transcripción del egipcio para "Horus en el horizonte", el nombre de la esfinge. En algunos manuscritos, encontramos la lectura *Amasin*, que pasó a las ediciones previas al siglo XIX,[11] haciendo de la esfinge la tumba de Amasis (570-526 a.C.), el faraón mejor representado en la literatura griega. No obſtante, Antonini no suscribió directamente ninguna hipótesis.

Poco más adelante, Antonini identificó incorrectamente un edificio de Guiza como el templo a Vulcano conſtruido por Asychis (es decir, como el templo de Ptah en Menfis; Heródoto sólo le atribuye la conſtrucción de su entrada oriental): "volviendose ala izquierda se ve los reſtos de un antiguo templo conſtruido de las mismas piedras que las piramides, que el Rey o faraón Asychis, hizo edificar en honor de Bulcano". La referencia es una cita de Heródoto, II, 136, trocando Hefeſtos por Vulcano.

No obſtante los intereses de Antonini parecen lejanos de los de Volney y no podemos afirmar que conociera su obra *Les ruines* (publicado en 1789 es probable que ese libro hubiera llegado al Buenos Aires virreinal).[12] Pero tal vez sí tenía noticias de los *Voyages en Syrie et en* Égypte (2 vols., 1787), otro texto de Volney. Antonini reflexionaba, sobre las creencias funerarias egipcias: "los antiguos abitantes del Egipto tenian por principio de religion que el alma devia volver à su cuerpo después de haver pasado

---

10. Aunque es posible que el diario esté redactado luego del viaje y que presuponga un lector, deben notarse las correctas citas latinas.

11. No es esta breve descripción un lugar apropiado para una referencia extensa, pero, por ejemplo, v. *Caii Plini secundi historiae naturalis libri xxxviii quos recensuit & notis illustravit Gabriel Brotier*, tomus VI, París, J. Barbou, 1779, p. 211.

12. *Volney, Las ruinas de Palmira, traducción de Mariano Moreno, con prólogo de* Sebastián Torres, Córdoba, UNGS/UNC, 2020, p. 7.

seismil años, motivo que han echo formar estas grandes piramides para depositar sus cadàveres (…) quiero suponer que esto fuese verdad, y que se verificase, pregunto como saldria el cuerpo (…) sin tener ninguna salida". Se trata de una cita de Volney.[13]

Sirvan estas breves anotaciones preliminares para echar luz y llamar la atención sobre este manuscrito. Sean lecturas propias o aprendidas de amigos, la aproximación al pasado faraónico del relojero piamontés es la esperable antes de la obra de Champollion: Egipto es una convergencia entre monumentos con textos mudos y referencias clásicas que se entrelazan con el Antiguo Testamento.

---

13. Volney, *Voyage en Syrie et en Égypte*, París, Desenne-Volland, 1787, vol. I, p. 250. En un sentido similar, pero con otra cuenta de años, Voltaire, *Dictionnaire philosophique*, IV, (s.v. "Resurrection"), ed. *Oeuvres complètes de Voltaire*, París, Garnier, 1879, p. 368.